ディズニーの
元人材トレーナーが教える

夢をかなえる
時間の使い方

Time Management of the Disney way

櫻井恵里子
Eriko Sakurai

大和書房

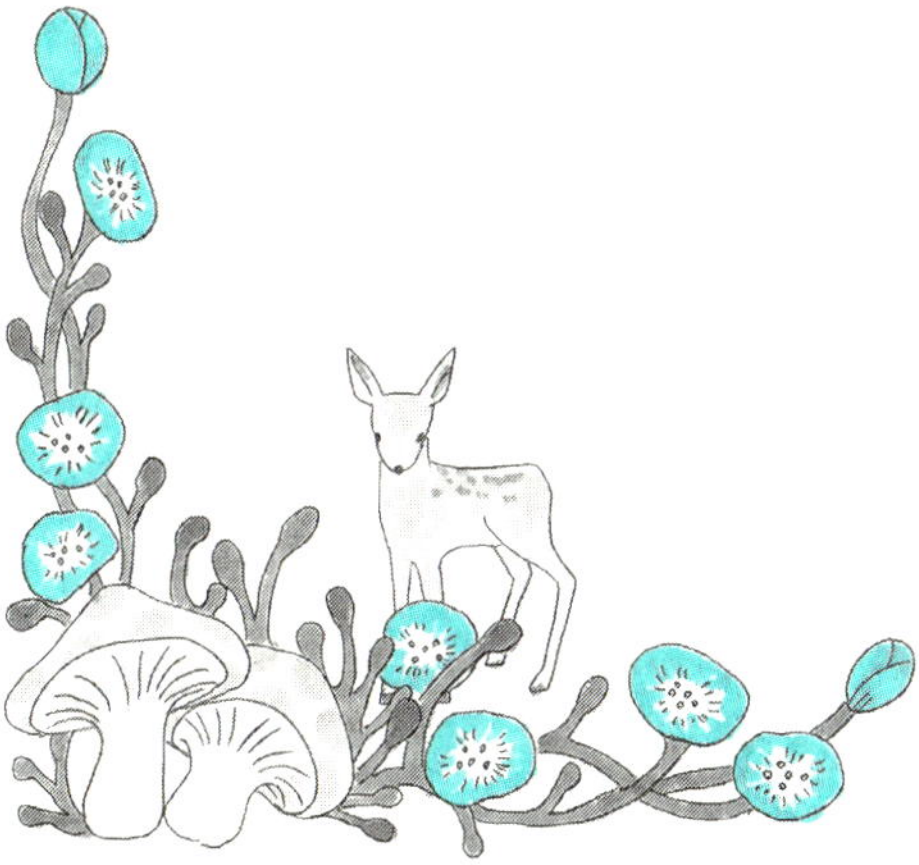

「忙しい……」
「時間がない……」

仕事に、家事に、毎日追われ、
気づけば自分の時間が
どこかに消えてしまっている……。

さあ、そんな毎日に、別れを告げましょう。

あなたを変えるディズニーの魔法。
それは、「ハピネスを呼び込む時間術」。

この魔法を身につければ
あなたの人生が、
もっともっと、幸せになります。

Prologue

働く女性は、忙しいもの。


本書を手にとってくださったあなたもきっと、仕事に、家事に、育児にと、毎日奮闘していることでしょう。

『不思議の国のアリス』に登場する白うさぎのように、時間に追われ、急ぎ足で一日を過ごしてしまうこともあるかもしれません。


かく言う私も、仕事をしながら子育てを続けており、母、妻、職業人という役割を担っています。

大学で教鞭をとる傍ら、講演会や本の執筆なども行いつつ、一方で子どもや夫と触れ合う時間も大切にしているつもりです。

そんな日々ですが、私は「時間がない」と感じることは、ほとんどありません。

それは何も、私に特別な能力があるからというわけではなく、
時間を上手に使えるようになる〝魔法〟を知っているからです。
その魔法は、私がディズニーで人材トレーナーとして働いていたころから、
ディズニーの世界の中に、存在していました。
当時はまだまだうまく使いこなせませんでしたが、
その後キャリアを積み、大学教員となった現在、
ようやく体系化して花開かせることができています。
そうしたディズニー流の時間術と、
私の大学での専門領域である
心理学やキャリア論をミックスしてつくり上げたのが、
本書で紹介している魔法の時間術です。

時間術というと、

「○○をすると3分節約できる」
「AとBを一緒にすれば時短になる」など、
目先の時間を調整するものが多いように思います。

しかし私が本書であなたにお伝えしたいのは、
「人生を変える魔法の時間術」です。

人生80年キャリアの時代に入りました。
時間の使い方を掘り下げるなら、
日々のタイムマネジメント術だけでなく、
人生という長いスパンの時間についても、考えていくべきでしょう。
たとえば、貯金なら「何のためにいくら貯めるか」が
決まっていると長続きします。

ダイエットでも、ただなんとなく痩せたいと考えるより、
「あの人のような体形になりたい」という憧れがあるほうが続きます。
時間術も同じで、
まずは「何のために時間がほしいか」という目的を定めるところから
スタートすると、うまくいきます。

また、本書はまず「長期的な時間術」から始まり
「1年間の時間術」、
そして「一日の時間術」へと落ちていく流れになっていますが、
これには理由があります。
外資系大手コンサルティング会社の友人から聞く話によれば、
長期にわたり成長を続ける企業の大部分は、
意識的に3種類の時間軸で戦略をつくり、実行しているそうです。

具体的には、10年以上先を見る「長期ビジョン」、
3〜5年単位の「中期戦略」、
そして1年単位の予算と連動した「年度計画」の3つです。
これらは常に同時並行的に存在し、
経営層はその感覚を共有しているといいます。
これは、企業だけではなく個人にもまったく同じように当てはまる話です。
時間のレンジをアレンジして、
人生の夢や希望である「長期ビジョン」、
年間単位の「中期戦略」、
一日単位の「スケジュール」の3つを並行して行うことで、
夢や希望に向かって成長していけると、私は考えています。
そして、本書でもう一つ、私がお伝えしたいのは、
「やりたいことをあきらめないでほしい」ということです。

Prologue

仕事と家事を完璧に両立できずに悩み、キャリアを手放してしまう……。
そうした人をひとりでもなくしたい。
そんな思いを胸に、筆を進めました。

もし本書が、あなたの背中をそっと押し、
前に進むための一助となったとしたら、
それ以上の喜びはありません。

櫻井　恵里子

ディズニーの元人材トレーナーが教える　夢をかなえる 時間の使い方

もくじ

PART
— 2 —
夢をかなえる「計画」の魔法

PART 3

夢をかなえる「自分の時間」を手に入れる魔法

PART
4
夢をかなえる「心」の魔法

PART 5

夢をかなえる「一日を変える」魔法　番外編

Tips

本書に出てくるディズニーの用語

アトラクション
東京ディズニーランド、東京ディズニーシー内にあるシアターや乗り物のこと。乗り物だけを指して、ライドともいう

キャスト
東京ディズニーリゾートで働く人々

ゲスト
東京ディズニーリゾートを訪れるお客さま

ショー
東京ディズニーランド、東京ディズニーシーの施設、キャストすべて

ストックキャスト
商品の保管や管理を専門に行う人

パーク
東京ディズニーランド、東京ディズニーシー

ファンカチューシャ
東京ディズニーランド・東京ディズニーシーで人気のキャラクターをモチーフにしたカチューシャ

＊本書に記載している情報は2018年3月現在のものであり、変更する場合があります。

PART 1

夢をかなえる「時間」の魔法

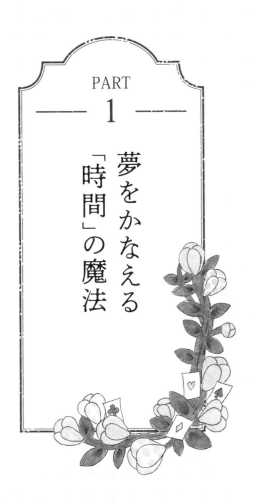

Time Magic 1

始まりの問い——
なぜ、時間がほしい？

時間をつくる理由を
「ハピネス」ととらえると、
人生の幸せや価値あるものは何か
を考える必要が出てきます。

平日は一日働き、帰ると家事や子どもの世話をし、休日も家族のために尽くし、ふと気づけば自分の時間がまったくない……。

忙しい毎日を送っていると、どうしても目の前にあることばかりに意識が集中してしまうものです。

その日、その日をいかにやり過ごすか、山と積まれた仕事に今日はどう対処しようか。そんな発想になってしまうのは、仕方のないことです。

「時間が足りない」「忙しすぎる」と感じているというのは、今の自分が満ち足りた状態にないことを示しています。

もちろん、すべてが満ち足りている人などはなかなかいません。満ち足りない状態は、ある意味で自然な状態ともいえます。

問題なのは、**満ち足りない理由が「目の前の忙しさ」にある**と考えている場合です。

時間さえあれば、もっと楽なのに、もっとやれるのに、もっと、もっと……。

果たして本当にそうでしょうか。

目の前のことにとらわれた状態だと、仮にうまく時間ができたとしても、その分仕事を増やしてしまったり、子どもに尽くしてしまったりと、生活は今までとたいして変わらないことが多くあります。なぜなら、視野が目の前のことにしか向いていないからです。

そしてまた、時間が足りない、と感じ始める……。これでは堂々巡りです。

そうして目の前のことに忙殺されている人が、「時間術」の本を買って知りたい内容というのは、「時間短縮の仕方」や「作業の効率化のヒント」など、明日から使えるような実践的な知識であると想像します。

世の中にはたくさんの時間術があり、たしかに有用にはたらくものもあります。

本書でも、時間術や作業効率化の方法について、もちろんお話ししていきたいと思いますが、そのステップに進む前に、一つ考えていただきたいことがあります。

なぜ、時間がほしいのか。

この問いを、すべての始まりにすべきだと私は考えています。

ゆっくりしたい、おしゃれをしたい、旅行に行きたい、資格の勉強がしたい、ひとりの時間がほしい……。時間がほしい理由は人それぞれだと思いますが、そこからもう一段階、思考を深めてみてください。

時間がほしい最大の理由。

それは結局のところ、今よりも幸せになりたいからではないでしょうか。


時間をつくる理由は「**ハピネス**」。

発想の根幹をそこにおけば、視野が一気に広がります。

今よりも幸せになることを定義するには、自分にとっての人生の幸せや価値あるものは何かを考える必要があります。すなわち、**時間がほしい本質的な理由を考えるということは、人生について思いを巡らせること**と同じともいえます。

そして、時間術で人生を幸せにしていくには、まず夢や希望、目標、楽しみといった「自分の人生で価値のあるもの」を「時間術の目的」としてとらえ、実現するためにはどれくらいの時間が必要かを検討したうえで、日々の生活の中からどうやってそれを捻出していくかという順で考えていくのが大切です。

Time Magic 2

時間は増やすものではなく分配するもの

「時間」をロールケーキで考えてみます。
１本丸ごと、ひとりで食べられたら幸せ。
でも、そうもいきません。
ここで大切なのは、「自分で切り分ける」
ということです。

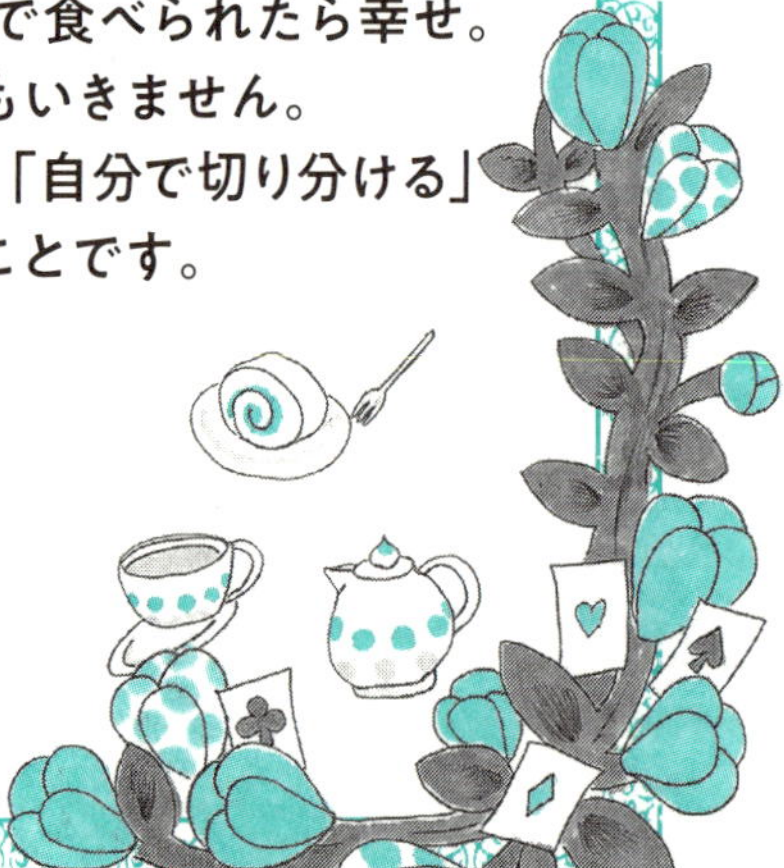

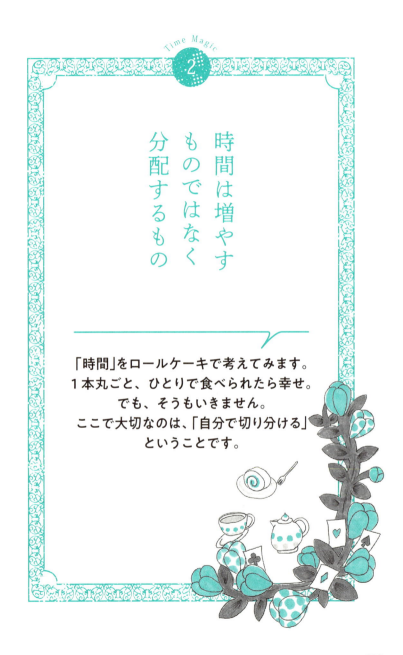

そもそも、時間とは何でしょう。

時間そのものについて、思いを巡らせたことはあるでしょうか。

時間というのは、誰しもに平等に与えられている、唯一のものです。

富も美しさも、地位や名誉も、関係ありません。すべての人間の一日は24時間であり、それ以上でも以下でもないのです。


目の前に、1本のロールケーキがあると想像してみてください。

そのロールケーキは、あなたが一番好きなケーキで、大切に食べたいと考えています。ただし、そのロールケーキは大きく、分割しながら食べていきます。


理想は、すべてを自分で食べることです。好きな切り分け方で、自分のペースでロールケーキを食べれば、幸せです。

ただ、愛する人がそのケーキをほしがったら、分けてあげたくなるかもしれません。

自分のものではあるけれど、愛する人にケーキを切り分け、喜ぶ顔を見れば、それもまた幸せを感じることができます。

では、仮に親しくない誰かがやってきて、有無を言わせずケーキを切り分け、食べてしまったらどうでしょう。当然、嫌な思いをするはずです。


このロールケーキが、自分にとっての「時間」と考えてください。

自分で食べた分が自分の時間となり、愛する人に分けたのは家事や育児の時間、そして自分でコントロールできなかった部分が、気の進まない状態で費やす時間です。


時間を考えるうえでの大きなポイントとなるのは、時間というロールケーキは自分では増やすことができない、ということです。

日本語では「時間をつくる」「時間を生む」という言葉がありますが、この表現はともすると誤解のもととなっているかもしれません。

時間は、一日なら24時間と、総量が決まっています。

増やすことがかなわない以上、生んだり、つくったりという「創造」はできませんから、与えられた時間をいかに分割し、使っていくかを考えるしかないのです。

「時間がない」と感じている人は、ロールケーキのほぼすべてを、他人に与えてしまっている状態です。ロールケーキは、あらゆる人に平等に支給されます。しかし、大好物を目の前にして「食べられない」状況が長く続けば、ストレスがたまるでしょうし、体力が落ちて体調も維持できません。

とはいえ、仕事も家事も育児も、しないわけにはいきません。

では、ロールケーキをどう分配すればいいのか。

意識の持ち方として重要なのは、「自分で切り分ける」ということです。

誰かにスケジュールを埋められるのではなく、あくまで**自分のコントロール下でスケジュールを決める**。そうするだけで、少なくとも誰かから「有無を言わせずケーキを持っていかれる」というのがなくなり、ストレスを大きく減らせます。

そして、時間の分配権を自分に引き戻す作業が、短期的にはスケジューリングであり、長期的には人生の夢や目標を持つことです。

こうして自分で自分の時間をコントロールしているという感覚を持つというのが、「時間が足りない」という不満から脱却するための一つの鍵となります。

Time Magic 3

時間術で変えるのは今ではなく未来

**これからやってくる未来にアンカーを置く。
人生で変えられるのは、
過去でもなく、現在でもなく
未来だけです。**

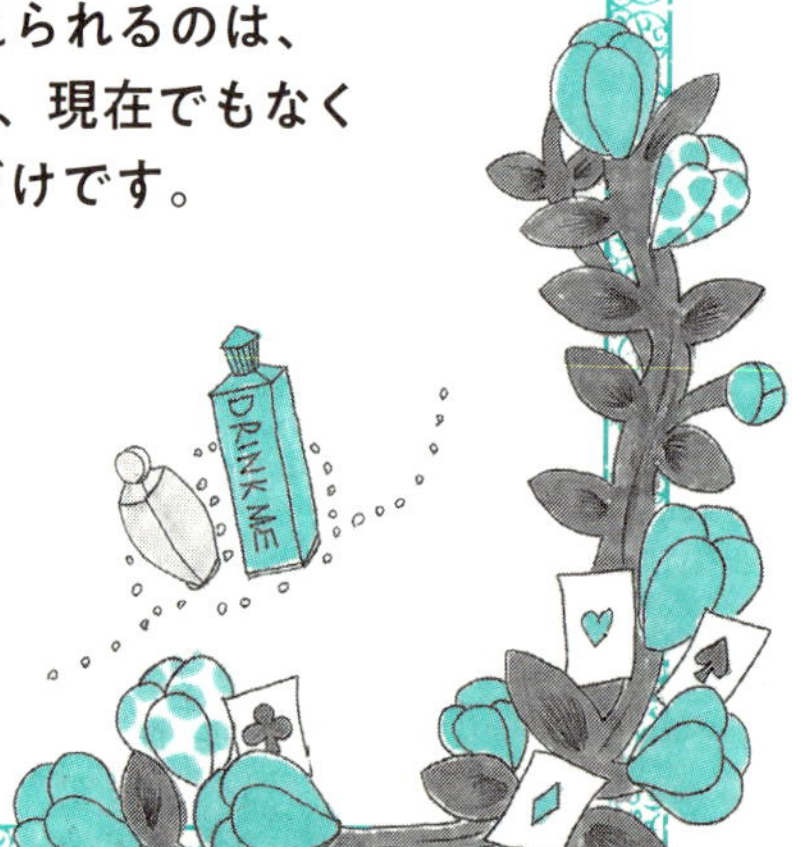

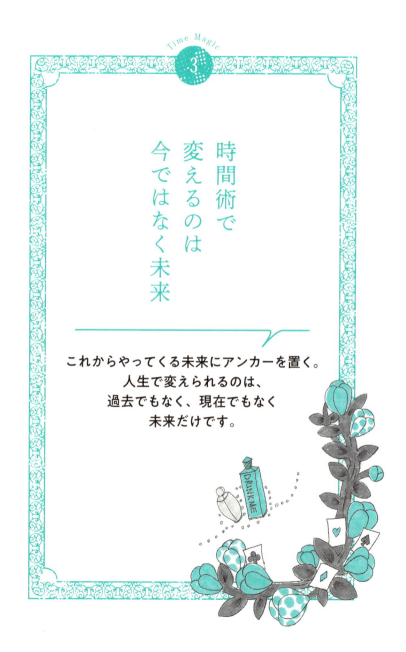

時間術というと、「〝今〟の状況をなんとかするため」に行うもの、という意識はないでしょうか。

たしかに、時間が空けば、それだけ現状が楽になることもあるでしょう。

しかしそれは、あくまで目の前の事態をなんとかする対症療法でしかなく、根本的なところから人生を変えるには至らないかもしれません。

時間術に「人生を変える魔法の力」を与えるには、これからやってくる〝未来〟にアンカー（錨《いかり》）を置き、そこから自分がとるべき行動と時間の使い方を発想していく必要があります。

ディズニーの創始者であり、常に夢を追い続けたウォルト・ディズニーは、

『このような気まぐれなビジネスの中では、栄誉に浸っている余裕も、立ち止まって振り返る時間もない。急速に変化する中で、常に未来を見続けなければならない』

という教えを残しています。

山登りをイメージすると、わかりやすいでしょう。

山に登る目的は、頂上にたどり着くことです。

そこでもし、頂上の位置があいまいなまま、なんとなく高そうに見える部分を頂上と定めて登りだしたらどうなるか。道が木々に覆われたり、谷に入ったりすれば、すぐにどちらに向かえばいいかわからなくなります。そうしてやみくもに登っても、結局はなかなか頂上に着くことはできません。

では、あらかじめ頂上の位置が定まっていたらどうか。

まず、そこに至る効率的なルートを事前に想定することができるようになります。そして自分が登っているルートが予期せず行き止まりであっても、別のルートに移ることができます。

つまり、頂上にあたる未来、すなわち目標やかなえたいことをあらかじめ定めておくことで、そこに至る道もはっきりし、効率的に時間を使って頂上を目指せるのです。


そもそも、人生において変えられるのは未来だけです。

過去はもちろん変わりませんし、現在も認識した瞬間から過去の一部となりますから、あってないようなものです。

まだ見ぬ未来の在り方だけが、私たちの思いや行動によって変えることができる、唯一のものなのです。

人生という自分だけに与えられた限りある時間……。過去にとらわれて過ごすより、現在を楽にするのに使うより、未来の幸せをつかむために投資するのが、もっとも生産的ではないでしょうか。

目には見えない、時間という資産を、意識的に未来に振り分けていけるかどうかで、あなたが今以上に幸せになれる可能性が、大きく変わってくるのです。

私たちはどうしても、過去の記憶に縛られ、現在の状況にとらわれて、未来について考えるのを止めてしまいがちです。

まずは、その心の持ち方を少し変えることから始めてみましょう。

過去も、現在も、すべては未来の幸せのためにある。

では、自分の幸せとは何だろう。どんな未来を望んでいるだろう。

もう一度、自分を見つめなおしてみてはどうでしょう。

Time Magic

4

キャリアのアンカーを下ろす位置を決める

仕事を続けていくうえでのアンカーを
どこに下ろすのかイメージします。
これからどのくらいキャリアを
積んでいけば今よりも幸せになるかが
わかります。

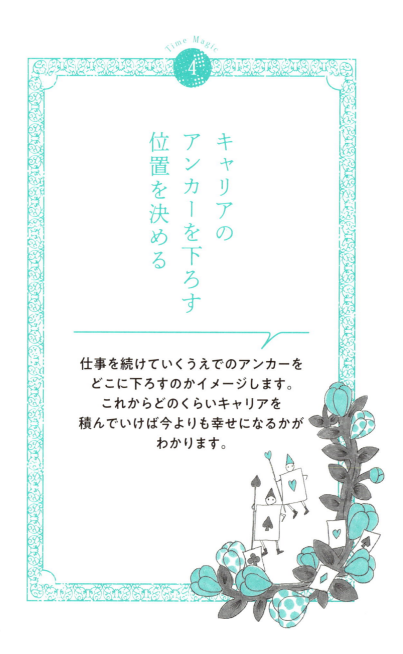

時間術を行う「目的」となる「ハピネス」ついて考えるにあたっては、「プライベート」と「キャリア」という二つに分けるのがおすすめです。主に自己の内面を充実させていくのがプライベートであるのに対し、他者との関わりの中で自己実現していくのがキャリアであり、性質が違っているからです。

プライベートに関しては、シンプルに考えれば大丈夫です。自分が好きなもの、興味関心のあることは何か。どんなことをしていると楽しいか。それを思い描けばいいのです。旅行、スポーツ、食べ歩き、映画……。そうして思い描いたことをやっていくにはどれくらいの時間が必要なのかを算出し、その時間をつくるべく、本書の後半で紹介する時間術を実行していきます。

一方のキャリアは、生活を支えるものであり、社会や会社といった他者との関わりもある分、「どうなったら幸せか」が見えにくいかもしれません。

そこで一つの指標にしたいのは、「キャリア・アンカー」です。

この概念は、アメリカの組織心理学者エドガー・H・シャイン博士によって提唱されました。個人がキャリアを歩む中で明確になる、自分にとって大切で、これだけはどうしても犠牲にできないという価値観や欲求、動機、能力についての自己イメージを指します。

＊具体的な項目は、次のようになっています。

専門・職能別コンピタンス

特定の仕事に対して才能と高い意欲を持ち、自分の才能や専門性を発揮することに満足感を覚える

全般管理コンピタンス

組織の中で責任ある立場に立ち、リーダーシップを発揮し、組織の成功に貢献することに喜びを感じる

自律と独立

規則や規範に束縛されず、自分のやり方で物事を進めることを好み、自律への要求を何ものにも優先する

保障・安定

組織に縛られることを苦とせず、安全で確実と感じられ生活が保障された安定を得ることを優先する

起業家的創造性

自律や安定を犠牲にしてでも、新しい製品や組織、事業を創造したいという熱い思いを持つ

奉仕・社会貢献

自身の才能や適性より、世の中をもっとよくしたいという要求に基づいてキャリアを選択する

純粋な挑戦

不可能と思えるような問題の解決や手ごわい相手に勝利することに喜びを感じ、仕事で自己を絶えず試す機会を求める

生活様式（ライフスタイル）

個人と家族とキャリアのニーズをうまく統合させる方法を見出し、生活様式全体を調和させることを優先する

自分が仕事を続けていくうえでのアンカーをどこに下ろすのかイメージできると、今後どのようなキャリアを積んでいけば今よりも幸せになるかがある程度わかるはずです。そして、その道を進むのに必要なスキルや資格を獲得するために時間を使えば、きっと「働く幸せ」に近づくことができるでしょう。

＊エドガー・シャイン氏が、主なキャリア・アンカーを８つに分類しています。

Time Magic 5

ディズニーランドで、自分の未来を考える

シンデレラ城は、今のあなたの立ち位置。
ここからどこへ向かいますか。
過去のキャリアを振り返り、今を見て、
未来の自分を想像してみます。

実はディズニーランドは、自分のキャリアや人生を振り返る場（構造）になっていると、私はずっと考えています。

入り口を入って、最初に通るワールドバザールは、「**自分の原点**」となる場所です。ちなみにワールドバザールは、ウォルトの生まれ故郷であるミズリー州のマーセリンという町を再現しています。

そこから進んで、たどり着くシンデレラ城が**現在の自分の立ち位置**であり、キャリアの分岐点です。

各エリアは、そこから放射状に並んでいます。そのどこに歩みを進めるかは、自分次第というわけです。

ちなみに各エリアをキャリアや人生を振り返る場としてとらえたテーマは、次のとおりです。

- 夢を描ききる――ファンタジーランド
- チャレンジ精神を奮い立たせる――アドベンチャーランド
- 改革心を持ち、前向きな精神を忘れない――ウエスタンランド
- 共同体を意識し、キャリアを考える――クリッターカントリー

●創造性を育み童心を忘れない――トゥーンタウン
●未来を見据えて自分のキャリアを振り返る――トゥモローランド

さて、あなたはどのエリアを目指すのでしょうか。

まったく経験のない新たな世界、ディズニーの例えでいえば「アドベンチャーランド」や「ウェスタンランド」を目指すのも一つの選択です。大きな夢をぶれずに追求し続けるのであれば、「ファンタジーランド」へと進み、追求を続けていくべきです。「トゥーンタウン」を選び、組織に縛られないクリエイティブな道を探求するのもいいでしょう。

そうした道は、経営者や芸術家、クリエイターといった職種の人が選ぶケースが多いでしょう。

一般的にいえば、今いる会社や、同じ職種でキャリアを積んでいくという選択、すなわちクリッターカントリーやトゥモローランドに進むことを願う人が多いかもしれません。そんな選択をする人が、未来のキャリアについて考える際の大切な判断材料となるのが、これまで自分がやってきたことです。

過去のキャリアを振り返り、今の自分の実力を客観的に理解したうえで、それを拡張して未来の自分を想像する。その作業によって、キャリアにおける自分なりの理想像がクリアになってくるはずです。

私のセミナーでも、「キャリアの棚卸し」をよく行っています。ワークシートに記入し、これまでのキャリアを俯瞰するのですが、その主だった内容をここで紹介しておきます。

- これまで担当してきた業務（できる限り具体的に）
- その時々の仕事の充実感、満足度（10点満点で何点か）
- 仕事を通して得た能力、知識、資格、人脈

これらを年表としてまとめておくと、**自分のキャリアの棚卸し**ができます。未来の自分の姿を具体的に思い描き、より効率的に歩んでいくためにも、ぜひ一度トライしていただきたいと思います。

Time Magic 6

〝両方完璧〟は目指さない

「一生」というスパンで
ワーク・ライフ・バランスを見たとき、
仕事に集中した時期があっても、
別の時期を家族との時間として
過ごせば、バランスは
とれることになります。

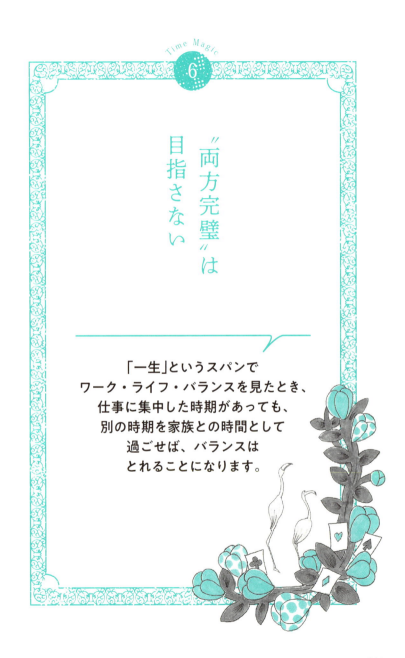

女性とキャリアについて、興味深い調査があります。

働く女性の4割が仕事にやりがいを感じている一方で、管理職になりたい人は2割にとどまっているそうです（日本経済新聞社調査）。

２０１７年に行われたこの調査は、正社員・正職員（役員含む）として働く20～50代の女性、各年代５００人ずつで計２０００人を対象に実施されたものです。

日本では、国策として「女性が活躍する社会を目指す」と掲げ、女性管理職の育成に取り組む企業が増えています。

国は、２０２０年までに指導的地位に占める女性の割合を3割にするとの目標を設定していますが、当の女性側の管理職志向は低調であり、ギャップが浮き彫りになっています。


なぜ管理職志向を持つ女性は少ないのでしょうか。

その理由は一つではないでしょうが、私がもっとも大きいと思うのは、管理職という立場の魅力が減っていることです。

働き方改革による長時間労働規制や、コンプライアンスの徹底などによって、管理職の負担は増す一方です。
そんな中で、さらに家事や育児というタスクを抱えている女性たちが、管理職を目指そうとなかなか思えないのは、想像に難くありません。

女性自身の意識も、キャリアアップよりワーク・ライフ・バランスを重視する方向にシフトしつつあるようです。同調査では、「キャリアアップよりワーク・ライフ・バランスを重視したい」「結婚相手には自分より多く稼いでほしい」という女性は8割を超えています。

私がこの調査を見て思ったのは、「もったいない」ということです。
たしかに、家事や育児と仕事の両立は、大変なものです。私も現在、その真っただ中にいますから、十分にわかっているつもりです。

ただ、人生は一度しかありません。
使える時間も、限られています。

もし仕事でキャリアを積みたいけれど、家事や育児と両立できそうもないからあきらめるという方がいたら、どうか考えてみてください。

何もすべてを完璧にこなさなくてもいいのです。

仕事と、家事や育児の両方を同じレベルでやり抜かずとも、ワーク・ライフ・バランスはとれます。たしかに、1か月、1年の単位で見れば、どちらかがおろそかになってしまう時期もあるでしょう。しかしそこで「なぜ両立できないのか」と自分を責める必要はまったくありません。

一生というスパンで、ワーク・ライフ・バランスを見てほしいと思います。

たとえ3年、仕事に打ち込んだ時期があっても、別の3年を家族との時間を大切に過ごせば、バランスはとれることになります。

もし自分が、仕事に充実感を持ち、幸せを感じているなら、あきらめず、どうかチャレンジし続けていただきたいと思います。そうして仕事に力を注いでいる時期の乗り切り方に関しては、ＰＡＲＴ３で解説します。

Time Magic

7

「できることをやる」のではなく、「やるからできる」

年齢は“重ねる”より時間が
“引かれていく”という視点で見ると、
案外残り少ないかもしれません。
あらゆるチャレンジの本質は、
勇気を出して
やってみることです。

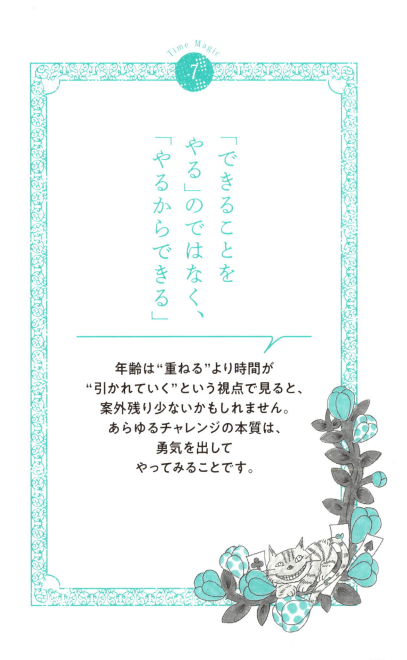

夢や希望、目標、そして自分の幸せ……。そうしたものを前にして、多くの人は「できるか」「できないか」というとらえ方をしがちです。

人間の心理は、そうした二択を迫られた際に、ネガティブな結論を出しがちであるという特性があります。

そして結局、私たちは「できない理由」を語り始めます。

とても実現できそうもない夢を描いても、しょうがない。

達成できるかどうかわからないことを、やる意味があるか。

今より幸せになるのは、もう難しいかもしれない。

こうした思考が先行してしまうのは、本能によるところが大きいのです。

私たちが文明を持ったのはせいぜい数千年前であり、それ以前は数百万年にわたり、原始的な生活をしていました。

その影響は、本能レベルでは未だに刻まれていて、未知のものに向かうとき、まず自分の身を守ることを優先させるという説があります。

しかし、人生の時間は限られています。

年齢というものは、〝重ねる〟ものと考えがちですが、逆に自分の時間が〝引かれていく〟という視点で見ると、思いのほか時間が残っていない、と感じる人は多いかもしれません。

平均寿命が80歳と仮定したうえで、あなたにあとどれくらいの時間が残っているのか、算出してみると、どうでしょう。

仮に今40歳で、あと40年生きられたとすると、残り時間は35万４００時間。

それならあまり迷っている暇はない。私はそう思います。

できることばかりを選んでやっていては、成長することはありませんし、今より幸せになるのも、難しいかもしれません。

どんなことでも、まずはやってみる。**やってみてはじめて、できるかできないかがわかります。**やらなければ、一生できることはありません。そして仮に失敗しても、できないことがわかるという人生においての大きな収穫が残ります。そしてやり方を変えるか、自分の考え方を変えることで、後悔なく人生を前に進めることができます。

はじめて自転車に乗れたときのことを、覚えているでしょうか。

私は子どものころ、補助輪もなしでなぜあんな不安定な乗り物に乗れるのか、まったくわかりませんでした。

しかしその一方で、補助輪なしの自転車に乗ることに憧れていました。それができたなら、少しだけ大人に近づけるような気がしました。

そこで思いきって、母と練習に出かけることにしました。

何度も転んで、膝をすりむいて……。それでもあきらめずにトライしていると、ある瞬間からふっと、足が地面から離れたままでも、バランスがとれるようになりました。あのときの達成感は、未だに記憶に残っています。


あらゆるチャレンジの本質は、自転車に乗ることと同じです。

まずは、勇気を出してやってみること。

一歩踏み出す。そこから、すべてが始まります。

Time Magic

8

「愛」を築くことに
時間を使うほど
幸福度が上がる

「今よりも幸せになる」時間の過ごし方、
積み重ね方は、
誰かを幸せにすること。
自分自身も幸せを感じる
ことができます。

ここまで、自分が幸せになるような人生の目標や、キャリアにおける理想像を持つことが時間術の第一歩となるとお伝えしてきました。

自分が必ず幸せになるような、「価値のあるもの」が定まっていると、人生においても物事の優先順位が判断しやすくなります。また、今やるべきことや、力を注ぐ対象も明確になり、迷うことも減るはずです。そしてなにより、夢や目標に邁進している時間というのは、充実しているものです。

ただ、そうはいっても一生をかけて達成するような夢や目標が明確に定まっていないこともあるでしょう。

多くの場合、これまで自分が歩んできた道と、今の自分の在り方から、現実的な未来を想像し、それをできる範囲でよくしていこうと考えると思います。

それでまったく問題ありません。

壮大な夢や目標がなくとも、「今より幸せになる」ことが積み重なっていけば、素晴らしい人生を送れます。

では、「今よりも幸せになる」時間の過ごし方、積み重ね方とは、何でしょう。

幸せの価値観は人それぞれではありますが、一つだけ万人に共通していえる「幸せ」があります。

それは、**「誰かを幸せにすると、自分も幸せを感じることができる」**ということです。

これはただの理想論ではなく、科学的にも証明されています。

アメリカのハーバード大学では、約20億円以上をかけ、卒業生268人に対し75年にもわたって健康診断や心理テストを行い、仕事、結婚、育児、老後といった彼らの人生を追跡調査してきました。

それによると、老後の幸福と温かな人間関係の間に、強い関連性が見られたそうです。それらのデータから、「何が人を幸せにするか」ということに関して、研究者たちが出した結論は、「人間の幸福とは、愛である」というものでした。

実はディズニーのスタンスもまったく同じで、**「ゲストにハピネスを提供する」**というのが企業理念です。

ディズニーのキャストたちが、あれだけホスピタリティ高く、生き生きと働けるのは、まず「ゲストに幸せを感じてほしい」という思いが根底にあって、それがかなったときに、ゲストからキャストへと返される笑顔や感謝を通じ、キャストもまた幸福感を覚えるからです。

ウォルト・ディズニーはこう教えています。

『与えることは最高の喜びなのだ。他人に喜びを運ぶ人は、それによって、自分自身の喜びと満足を得る』

愛情というのは、何もパートナーや子どもだけに感じるものではありません。友人や知人とも、愛情豊かな関係性を築いていくことは十分可能であり、そうして温かな関係性のある人脈が広がるほど、日々感じる幸福の量も多くなっていくでしょう。

もし、時間術を使って今より余裕ができたとしたら、その時間を「愛情のある人間関係をつくる」のに使ってみると、自分の人生もまた幸せに彩られるでしょう。

Time Magic 9

計画こそ夢を実現させる手段

夢と現実をリンクさせたディズニーは、
“計画ありき”。
何年も先までプランが完成している
とともに、想像しうる限りの
あらゆる不測の事態に
備えます。

『ディズニーランドは完成することがない。世界に想像力がある限り、成長し続けるだろう』

そんな言葉を残したウォルトは、誰よりも夢を見る力を持っていた人であったと思います。

ウォルトは、1966年に病で亡くなったのですが、死の直前までフロリダのディズニーワールドの構想を語っていたといいます。人生の終焉を迎えるそのときまでも、未来に思いを馳せることができるような人物であったからこそ、今もたくさんの人々に愛されるディズニーの世界をつくり上げることができたのです。

一方でウォルトは、ただの「夢追い人」ではなかったはずです。

リアリストの一面もあり、計画を大切にして、実行していくことに重きを置いていたからこそ、夢と現実をリンクさせ、三次元で表現できたのでしょう。

実際に、彼がつくり上げたディズニーという企業は、〝**計画ありき**〟の組織です。

何年も先までプランが完成しているとともに、想像しうる限りのあらゆる不測の事態に備えたとても分厚いマニュアルが存在しています。

人生においてやりたいことを実現するためには、ウォルトのように、夢や希望を持ちつつ、それを現実と照らし合わせながら進んでいくのが大切です。

ここで、「夢をかなえるための4ステップ」を紹介しましょう。

経営学者であり、とくに産業組織心理学において高い功績を上げている金井《かない》壽宏《としひろ》氏は、以下の4つのステップを踏むことで夢に近づけると分析しています。

ステップ1

夢や目標を抱き、自分が長期的にどのような方面、方向に進みたいかという大まかな感覚を持ちます。

ステップ2

人生の節目・転機がきたら、これまでの自分の夢や人生の方向性を見直し、次に進むべき道を選びます。

ステップ3
一度進むべき方向性が決まったら、ある一定期間は努力を続け、アクションを起こし続けます。

ステップ4
次の転機がくるまで、ときには流されることも楽しみつつ、偶然やってきた機会を生かすことを心がけます。

ステップ1と2に関しては、今すぐに考えることができる内容ですが、要といえるのはステップ3です。計画どおりに努力を重ね、夢に向けたアクションを起こし続けられるかどうかが、夢を実現できるか否かを左右します。ただし、夢や自分の興味関心が変わってきたりすることもあるでしょう。そうして流される自分を責めるのではなく、4のように楽しんだほうが、人生の満足度は高まります。

Time Magic

10

遠くの未来のために、「夢ノート」をつけてみる

人生のキャリアや節目に
「自分は何がしたいのか」を、
あらためて考えてみてください。
「夢ノート」は、これからの人生の
指針の一つになります。

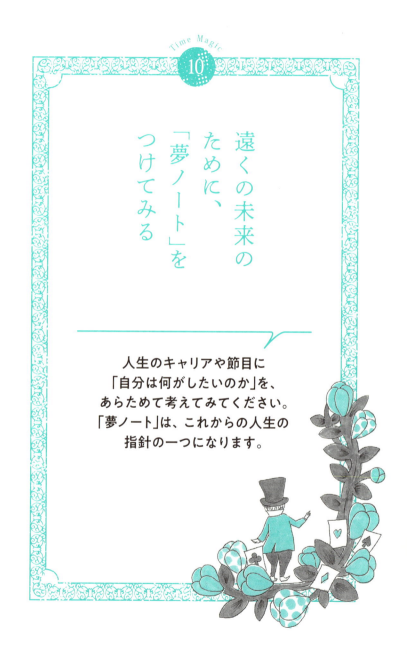

分析心理学の創始者であるユング博士は、人の一生を太陽の運行になぞらえて、40歳からは〝人生の午後〟に入ると言っています。

人生やキャリアを考えるうえでも、40歳というのは一つの節目になるのではないでしょうか。

折り返し地点を迎え、自分は何をすべきだろう。

私自身も、そのタイミングであらためて人生を振り返り、「本当にやりたいことは何なのか」と自らに問い続けました。

沈思黙考する中で、ふと頭に浮かんだ、原風景。

高校の卒業式の日に、誰もいない教室で、いつまでも立ち上がれずにひとり居残っていた私……。

高校時代は、両親の離婚もあり、必死に働いていました。

卒業の日、進路が決まって夢と希望をたくさん抱えて教室を出ていく友人たちに対して、自分は生きていくだけで精一杯……。その悲しさに加え、この教室を出た瞬間から自分が何者でもなくなるという恐怖感で、動けなくなりました。

西日が室内を赤く染めたころ。

担任の先生がやってきました。

そしてそっと肩に手をおき、絞り出すように「教育実習、待っているから」と言ってくれました。

当時の私の希望進路の一つは、先生になることでした。担任の先生の言葉を聞いて、ああ、先生は私が大学生になることを信じてくれている、教職課程をとって母校で教育実習をするという未来に期待してくれていると感じたことが、自分にとっての大きな救いとなり、前に進む原動力にもなりました。


思い返せば、私の人生には、その他にもいい先生との出会いがたくさんありました。今の私があるのは、その先生たちがいたおかげです。

だから、私は恩返しをしたい。私と同じように苦労している若い人に、逆境でも前に進めば必ず報われるときがくると、伝えたい。

それが、人生の午後に差し掛かった私が出した、一つの結論でした。

そして大好きだったディズニーの世界から卒業し、大学で教鞭をとるという第二の道を歩み始めたのでした。

私には、19歳のころから続けてきた習慣があります。それは、「夢ノート」をつけることです。かなえたいことや、やりたいことが出てくるたびに、ノートに書き込み、かなったものには星マークをつけます。苦しかった当時、そうして夢にすがり、将来はきっと楽しいと考えることで現実逃避をしていました。それが今でも習慣として残っています。

夢ノートには、言葉だけではなく、たくさんの写真も貼ってあります。結婚式は、こんなところでやりたい……。いつかは本を出版したい……。

そのうちのいくつかは、幸運にもかなえることができました。

もしあなたが、人生のキャリアや節目に立ったら、「自分は何がやりたいのか」を、じっくり考えていただきたいと思います。そしてまた、「夢ノート」をつけて、それを今後の人生の指針の一つにしてみてください。

きっとあなたの夢ノートにも、いくつもの星マークがつくことでしょう。

今より幸せになるための10の魔法

1 時間術の目的は、ハピネス。

2 時間の使い方を、自分で決めてコントロールする。

3 時間術で変えるべきは、未来の自分。

4 どんなキャリアを積めば今より幸せになるか考える。

5 キャリアの棚卸しをして、将来を見通す。

6 家庭と仕事は、完璧に両立しなくてもいい。

7 できることをやるのではなく、やるからできる。

8 誰かを幸せにすると、自分も幸せになれる。

9 計画とは、夢を実現させるための手段。

10 「夢ノート」で理想の未来を思い描く。

PART

2

夢をかなえる「計画」の魔法

Time Magic 11

年間の「ハピネス計画」を立てる

**年間計画を立てるときの魔法は、
“楽しみ”“喜び”“感動”。
「ハピネスの３要素」を意識して
予定を立てます。**

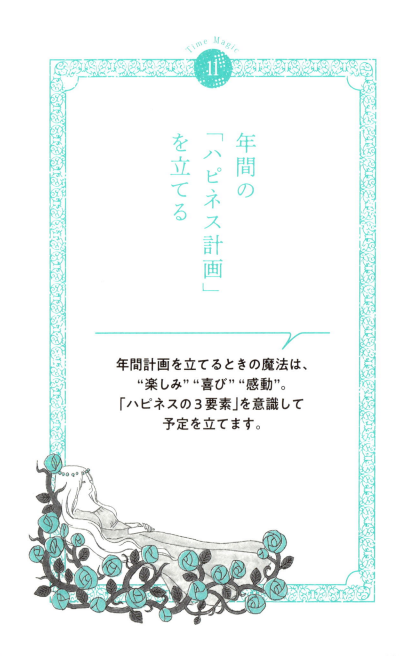

続いては、一生というスパンから時間をもう少し縮めて、年間での「幸せになる」スケジュールをつくっていきましょう。夢や目標が長期的であるのに対し、年間スケジュールはそれらを達成するためのマイルストーンともなります。

とはいえ、1年にわたって計画を達成するというのは、なかなか難しいもの。計画自体があやふやであると成果が出にくいですし、せっかくしっかり計画を立てても、日々の忙しさにかまけていると、どうしても後回しになってしまいがちです。

ここで、年間計画を立てる際の魔法を、お教えしましょう。
以下の3つを意識して、予定を立ててみてください。

①感性と理性で感じる〝楽しみ〟
②善意のコミュニケーションから生まれる〝喜び〟
③無垢なものから自然に受ける〝感動〟

これらは、尊敬する上司が話してくれたディズニーの「ハピネスの3要素」です。

ハピネスの3要素から計画に落とし込む場合、①については、やはり**自分が「楽しそう」と思えるような予定**が必要です。ポイントとなるのは、想像力。自分が楽しんでいる姿を思い浮かべながら計画を埋めていくと、計画を立てている時点から幸せな気持ちになるはずです。

②は、**他人を喜ばせられるような予定**です。たとえば、自分の両親に孫の顔を見せに行ったり、友人の誕生会を企画したり、というようなことです。利他の気持ちもまた、自分を幸せにしてくれます。

そして③は、**素直に感動できる体験**です。美術館に行く、ライブに出かける、海や山で時を過ごすなど、自分の心が豊かになるような予定を入れるといいでしょう。

このように、その日が来るのが待ち遠しく、ワクワクするような予定をあらかじめ意識的に入れ込んでおくと、年間計画の達成率がぐっと上がります。義務的にやらねばいけないことをこなす際にも、先の楽しみがわかっていれば、それを思い浮かべて乗りきれるからです。

こうしてまず自分の「ハピネス」計画を入れ込んでしまうと、自然に日々の幸福度が高まり、それがさらなる幸せを呼び込むことが、脳科学的に証明されています。

自然科学研究機構と愛知医科大学の共同研究で、脳の検査装置であるＭＲＩを用いて、脳の構造解析と機能解析を行いました。

実験としては、参加者にポジティブなできごと（好きな人に告白してＯＫをもらったなど）、ネガティブなできごと（好きな人に告白してフラれたなど）などをＭＲＩの中で想像してもらい、幸せの感情と脳の活性化や脳構造の変化について調べました。

その結果、幸福度が高い人ほど、内側前頭前野の一領域である吻側前部帯状回《ふんそくぜんぶたいじょうかい》と呼ばれる脳領域の体積が大きくなっており、またポジティブなできごとを想像しているときに感じる幸せ感情の程度が高い人ほど、吻側前部帯状回の活動が大きいことなどが明らかになりました。つまり、幸福度が高い人ほど、ポジティブなできごとに直面したときに幸せ感情を感じやすく、その生理学的基盤が吻側前部帯状回の構造と機能との関連で説明できることを示しているのです。

まずは**自分が幸せになるものから、予定を埋めていく**。
それだけで、日々の生活がずいぶん楽しくなるはずです。

Time Magic 12

計画をつくり込むと、時間を効率的に使える

計画を立てることに時間をかけると、
その瞬間はめんどうかもしれませんが、
結果的に物事が効率よく進み、
時間も短縮できます。

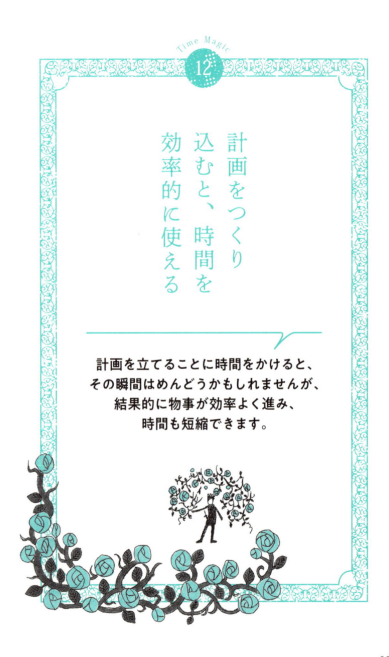

これまでもお伝えしたとおり、ディズニーという組織は、徹底して計画をつくり込んだうえで運営されています。

たとえば、新規プロジェクトが実行に移されるまでには、以下の6つの手順が踏まれるのが通例です。

①ブルースカイ・ステージ
②コンセプトデベロップメント・ステージ
③フィージビリティ・ステージ
④スケマティック・ステージ
⑤デザインデベロップメント・ステージ
⑥インプリメンテーション・ステージ

「新たなアトラクションをつくる」というプロジェクトを例にとって、ざっと説明しましょう。

まず構想を練って、コンセプトを固めます。ここがプロジェクトの核となる部分なので、企画部門だけではなく、現場部門なども巻き込んで組織横断的に議論を交わします。ここがもっとも時間がかかるところです。

コンセプトができ上がったら、それが果たして実現可能なのか、人材面や経済的な部分など含めさまざまな角度から検討します。そこで「行けそうだ」と判断されてはじめて、アトラクションの概要を組み上げていくフェーズに入ります。その後、より具体的にデザインなどを詰めて、ようやく実施されます。

こうして細かく計画を立てていくのは、一見すると「その時間が無駄」と思えるかもしれません。

しかしこれが、後の運営に大きな影響を及ぼします。

あらゆることを検討し、つくり上げた計画だからこそ、そのとおりに実施される可能性が高くなります。さらには、アクシデントが起きた際のマニュアルまでしっかりつくり込んでおくことで、より安定して運用できるようになります。

ディズニーがなぜここまでやっているかといえば、それは最終的に「**お客様のハピネス**」のためです。せっかく来園したのに、楽しみにしていたアトラクションが「計画に不備があって動きません」では、お客様はがっかりしてしまいます。もしそれが不測の事態によるものでも、やはり落ち込ませてしまうでしょう。それはハピネスとは真逆の結果であり、ディズニーの存在意義を問われる事態といえます。

それを防ぐため、ディズニーではとにかく**計画をつくり込む**のです。


物事を計画どおり進めるためには、まず計画自体の精度が高くないといけません。計画を立てることに時間をかけると、その瞬間はめんどうかもしれませんが、結果的に物事が効率よく進み、時間も短縮できます。長い目で見れば、計画をしっかりつくり込んだほうが、より効率的に時間を使うことができるのです。

1年先の計画を立てるというと、なかなかはっきりと決められない部分もあるかもしれませんが、そこを**一歩踏み込んで、とにかく細かく時間を埋めていく**のが、計画づくりのポイントです。

最初に前項でお話しした「自分が幸せになる計画」から埋めていき、続いて「やらねばいけないこと」を書き込んで、そこで一度バランスをとってから、「できればやりたいこと」を記載してもう一度バランスをとり、というように、細かくつくり込んでいきましょう。

Time Magic 13

モチベーションをコントロールする脳のクセ

モチベーション次第で
効率や集中力は違ってきますが、
それをコントロールしているのは脳。
脳をうまくやる気にさせれば、
計画の達成率も上がります。

私たちが喜怒哀楽を感じ、幸福度を左右する器官が、脳です。

物事にあたる際には、モチベーション次第で効率や集中力が違ってきますが、それをコントロールしているのもやはり脳であり、脳をうまくやる気にさせれば、計画の達成率も上がります。

私たちの脳には、「思考のクセ」があるという説があります。

アメリカの医学者であるポール・マクリーン博士は「脳は三層構造になっており、それぞれに考え方のクセを持つ」ということを提唱しました。この説は現代科学でははっきりと否定されていますが、発想としてはとてもユニークで、マインドをポジティブに変えるという意味においては有用なので、ここで紹介しておきます。

この三層構造とは、「脳幹」「大脳辺縁系」「大脳新皮質」という3つの脳器官です。そして博士は、それらが持つ特徴を踏まえて、脳幹を「爬《は》虫類的脳」、大脳辺縁系を「哺《ほ》乳類的脳」、大脳新皮質を「人間的脳」と呼び、役割の差別化を図りました。

爬虫類的脳

脊柱から直接発現し、いわゆる本能的な反応を司ります。呼吸や心臓の鼓動を維持するといった基本的な生命活動の他、敵にあった際の「逃走と逃走の反応」など原始的な反応の基盤です。

哺乳類的脳

視床下部や脊柱をはじめとする器官であり、感情や性、快楽中枢を司るとともに、ホルモンや免疫システムなどの重要な反応も担っています。

人間的脳

脳の表面を覆い、私たちの脳の大きな部分を占めている器官です。論理的思考や数学的思考など知的なプロセスを司ります。

よりわかりやすく表すなら、爬虫類的脳は本能的、哺乳類脳は感情的、そして人間的脳は論理的、という分類になるでしょう。これら3つの脳は、爬虫類→哺乳類→人間と進化の段階を経ており、原始的な脳が現在へと進化を遂げてきた道筋を示していると昔は考えられていました。

この説に基づいて、脳にはクセがあると仮定します。

計画を立てる場合、活発に活動するのは人間的脳です。たとえば「TOEICの試験で750点を目指そう、そのためには勉強をしなければ」というように、未来を起点として現在やるべき行動に論理的に落とし込みます。しかしそれと同時に、哺乳類的脳や爬虫類的脳もまたはたらいています。そして、人間的脳が論理的に導いた結論を、他の二つの脳が否定すれば、それによって「先延ばしにしてなかなか行動に移せない」「計画倒れで終わった」といった事態になるのです。逆にいうと、**＊3つの脳をすべて肯定させることができれば、人はモチベーション高く物事に取り組めます。**

「仕事で必要だからTOEICで750点とるべきだ」という〝べき論〟に真っ先に反旗を翻すのが、哺乳類的脳です。「でも感情的にはやりたくない」と言い放ち、首を縦に振りません。そしてまた爬虫類的脳は、本能として変化を嫌う性質があるため「新しいことに取り組みたくない」と、これまた人間的脳の指令を否定します。

では、どうやって3つのイエスを引き出すのでしょうか。次の項目で解説していきたいと思います。

＊脳科学的に、厳密には異なることがあります。

Time Magic 14

3つの脳から
イエスを引き出す

前向きに物事に取り組むには、
「ワクワクする未来をイメージする」
「やるべきことを細かく洗い出し、
道すじをはっきりさせる」の
両輪で進めましょう。

本能を司る爬虫類的脳、感情を生み出す哺乳類脳、そして知性の象徴といえる人間的脳……。これらすべてを肯定的に活動させるには、それぞれのクセを理解したうえで、うまく目標設定を行い、達成のための計画を立てる必要があります。

引き続き、TOEICの例で解説していきます。

あなたは、会社での海外転勤制度に応募し、海外で働いてみたいと考えたとします。応募に必要な語学力は、TOEICで750点以上。それを突破しなければ、何も始まりません。

先ほどもお話ししたとおり、計画を立てる段階でもっとも活動するのは人間的脳です。「TOEICの試験で750点をどう達成するか」について、検討が始まります。しかしその裏で、哺乳類的脳と爬虫類的脳も同時並行的にはたらいています。3つの脳からイエスを引き出すには、**計画段階から説得を開始しなければなりません**。

まず、哺乳類的脳に関して。

「TOEICで750点」という目標は具体的ではありますが、感情的な楽しさをイメージできるものではありません。どれくらい勉強しなければならないのか……。そう考えてしまえば、めんどう、つまらなそう、がまんを強いられる、というネガティブな感情が生まれ、哺乳類的脳は反対の立場に回ることになります。

ここで、目標を変えてみましょう。

「憧れの海外の都市に行き、英語を駆使して生き生きと働く」ということを目指すとしたら、どうでしょうか。

そんな自分の未来をイメージすれば、心が楽しくなると思います。

こうして、**自分がワクワクできるような未来のビジョンを目標に設定する**ことで、哺乳類的脳をイエスに変えることが可能です。

続いては、爬虫類的脳です。

実はこの脳の影響は強力で、なかなか変えるのが難しくなっています。

本能とは、過去では生き残るために無条件で必要になっていたものですから、その統制力が強いのはうなずける話です。

では、ヒトが本能的に避けること、すなわち爬虫類的脳が否定的になる事象は、何でしょう。

その答えは、「不明瞭な未来」です。よくわからないことや、先が見えないものに対して、ヒトは本能的に不安を感じ、避けようとします。

それを防ぐには、**できる限り細かく、未来の予定を確定させてしまうことです。**

TOEICで750点を獲得するためには、一般的には何時間の勉強が必要か。それをすべてこなすには、週に何時間勉強すればよく、それをどう割り振っていくか。勉強はどのテキストを使ってどんなペースで進め、その日その日でこなすべき単元はどこなのか。

このようにやるべきことを細かく洗い出し、未来を確定させることで、「先の見えない不安」は小さくなっていきます。

まとめると、3つの脳からイエスを引き出し、前向きに物事に取り組むためには、

「ワクワクするような未来を目標に据え、その姿をイメージする」

「やるべきことをできる限り細かく洗い出し、道すじをはっきりさせる」

ということになります。

Time Magic 15

前祝いをして達成のイメージをつかむ

**前祝いが成功を引き寄せます。
あらかじめ自分の目標を祝福して
しまうことで、将来の希望を
現実化しようというものです。**

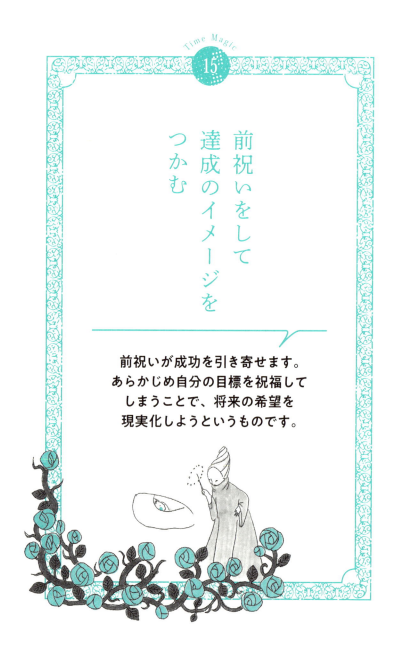

年間というスパンで、自分なりに設定した目標を達成すると、うれしいものです。「自分にご褒美を」ということで、買い物をしたり、ちょっと贅沢なレストランに出かけたり、という人もいるでしょう。

ただ、そこまできちんと目標達成をするのは、難しいのも事実。

とくに、日々の忙しさの中にいると、自分のことはどうしても後回しになりがちで、目標達成はどんどん先延ばしになっていき、いずれはあきらめてしまうことになるかもしれません。

それを防ぐのに、うってつけの方法があります。

これはディズニーではなく、日本古来脈々と受け継がれてきた魔法です。


「予祝」という言葉をご存知でしょうか。

「あらかじめ祝うこと、前祝」という意味合いです。この予祝の発想は、現在でも日常に溶け込んでいます。

典型的な例が、お花見です。

お花見の起源は、春の訪れを愛でるのではなく、秋の豊作を〝祝う〟ことにあります。満開の桜を、たわわに実った稲に見立てて、あらかじめお祝いしているのです。

その他に、夏祭りの盆踊りも、秋の豊作を喜ぶ踊りであるといいます。


なぜ、こうして予祝を行うのか。

それは、あらかじめ祝福してしまうことで、将来の希望を現実化しようという試みに他なりません。

そして予祝は、単なる迷信とはいいきれません。**未来の成功を強くイメージすると、それが実現しやすくなる**という事実は、たしかに存在するようです。


私が知人から聞いた、こんなエピソードがあります。

プロ野球の長嶋《ながしま》茂雄《しげお》選手は、１９５９年に天皇・皇后両陛下を迎えて行われた天覧試合の９回裏に、劇的なサヨナラホームランを放っています。

読売ジャイアンツ（巨人）ＶＳ大阪タイガース（阪神）、４対４の同点という局面で、加えて両陛下が観戦できる時間は警備の都合上21時15分までと限られており、延長戦に入ったら両陛下は途中退席になるという状況でした。

退席まで、残り３分。先頭バッターであった長嶋選手に打席が回ってきたそのとき、彼はホームランを放ったのでした。

実はこの試合の前、長嶋選手はひどいスランプに陥っていました。

そこで何をしたかといえば、最寄りの駅で大量のスポーツ新聞を買ってきて、それにマジックで「天覧試合でサヨナラ打」「長嶋サヨナラ本塁打」などと大きく書き込んでいったそうです。さらには「さすがゴールデンルーキー、歴史に残る一発だ」と、監督の談話まで書き上げたといいます。

この話を真実とするなら、まさに予祝が未来を引き寄せたといえるでしょう。

長嶋選手が特別に思えるかもしれませんが、私たちでも十分、予祝のパワーを使うことは可能です。

まず、自分の目標が達成できたときのことを強くイメージします。そして、そのときの気持ちになりきり、ガッツポーズをしたり、「やった！」と声を上げたりしてもいいでしょう。

こうして予祝をすると、具体的な成功のイメージに脳がワクワクして、それが目標に向かうための原動力となります。

Time Magic 16

完璧は目指さず ゆるく積み重ねる

**長期計画は、積み重ねていって
はじめて達成できるもの。
「後回し」にせず、積み重ねることで、
必ず目標が達成できます。**

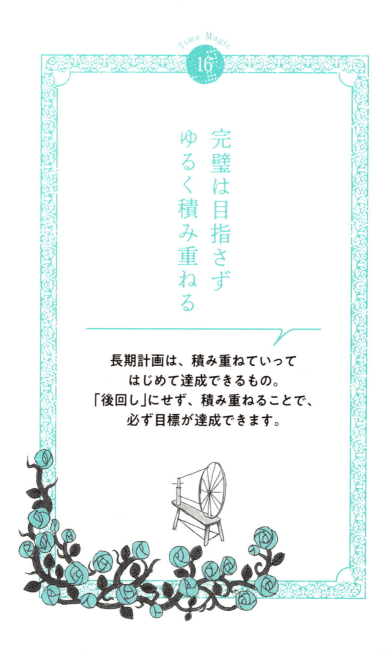

忙しい毎日の中にいると、長期目標はとかく後回しになりがちです。

「落ち着いたら、まとめてやろう」

そんな思いが浮かんだら、「黄色信号」かもしれません。

せっかく計画をつくり込んでいても、予期せず発生する新たなトラブルや課題に忙殺されると、ひとまず目の前にあるものを最優先でこなそうとしがちです。

それもときには仕方のないこと。

どうしてもやらねばならない仕事や、子どもの病気など予期せぬ事態が起きれば、計画はさておき、柔軟に対処していかねばなりません。

ただし、あまりに「後回し」が続き、結局計画がおろそかになってしまっては、元の木阿弥《もくあみ》です。

長期計画というのは、積み重ねていってはじめて達成できるものであり、目の前のことに振り回されていてばかりでは、いつまでたっても目標には届きません。いつかは投げ出してしまうでしょう。

そうして投げ出さないためには、**できるだけストレスを感じずに、積み重ねていく必要があり、それが目標を達成するためのポイント**といえます。

では、そのためにはどうしたらいいのでしょうか。

まず、一度に振り分ける量を少なくすることです。

たとえば、ダイエットが目的で筋トレを始めたとします。

「休日はジムに3時間こもって、ランニングやトレーニングを行う」というのは、モチベーションの高い時期ならこなせるかもしれませんが、一度の負荷が高い分、気分が乗らなければなかなか実行するのが難しくなってきがちです。

また、ハードトレーニングの翌日は体じゅうが筋肉痛になり、仕事のパフォーマンスが落ちてしまうようなこともあるかもしれません。

そこで、一日10分、テレビを観ながらできるような軽い筋トレメニューを行うようにしたらどうでしょう。

たしかにジムほどの効果はないかもしれませんが、コツコツと毎日続ければ、体は着実に痩せていきます。長期的に見れば、必ず目標が達成できますし、何より自分にかかるストレスや疲労度が少ないというのがメリットです。

もう一つ、積み重ねるためのコツは、できない日があっても落ち込まないということです。

自分に厳しい枷《かせ》を課しすぎると、計画はとん挫しやすくなります。そして、ストイックな人ほど、できなかった日があるとさぼった自分を責め、落ち込んでしまいがちであるといえます。

完璧を目指す必要はまったくありません。

完璧な人間は、地上のどこにも存在しません。みな多かれ少なかれ、何かをさぼったり、誰かに頼ったりしながら、日々をやり過ごしています。それでいいのです。

そしてまた、自分を許してあげられるのは、自分しかいません。

できない日があっても「まあ、いいか」とゆるく自分を許してあげましょう。ただ、それが続きすぎると前に進めないので、できなかった理由だけはきちんと考え、次に生かすよう心がけてみてはどうでしょう。

Time Magic

17

クロックタイムとアクションタイムを使いこなす

短期計画やタスクをこなすときは
クロックタイムを、
長期計画から日々の行動を割り出すには、
アクションタイムで考えてみます。

私たちの時間に対する認識は、大きく二つに分けられます。

一つは、**クロックタイム**。「4時から6時で、これをしよう」というように、**時計を軸とした時間認識**です。もう一つは、**アクションタイム**。「この仕事が終わったら、夕食作りにとりかかろう」というように、**アクションの終わりを一つの区切りとした時間認識**です。

これら二つの時間を、私たちは日ごろから使い分けているのですが、あまり意識的に行ってはいないかもしれません。逆にいえば、それぞれの特性を理解して、うまく使いこなせれば、作業効率や仕事の質を上げることが可能です。

クロックタイムは、締め切りが決まっている作業に対して設定すると有効にはたらきます。時間を特定することで、スピードや効率に意識がいき、集中力も高まるはずです。その半面、納得いくまで作業を続けることはできず、ときには中途半端な仕上がりになることがあるでしょう。

一方のアクションタイムは、一つの作業が終わった時点が終了のタイミングですから、概念上は自分の納得がいくまで作業を続けることができます。また、作業を確実に終了まで持っていけるというメリットもあります。しかしどうしても作業時間は長くなりがちで、効率性という面ではクロックタイムに劣ります。

さて、これらを上手に使いこなすためには、どうしたらいいでしょう。

特性を考えると、スピードや効率が重視されるタスクは、時間をきちんと区切ってクロックタイムで行い、作業の質が求められるならば、アクションタイムでじっくり取り組むべき、といえます。

たとえば、料理をするとき。昼食や夕食の時間はある程度決まっており、しかもできたてを出す必要があるなら、クロックタイムで時間内に作業を分割し、効率化して進めたほうがうまくいくはずです。

本を読む際には、あまり時間を決めすぎてしまうのはよくありません。せっかく物語に没入していたのに制限時間がきてしまっては興醒めでしょうし、続きも気になってしまいます。それよりも、「今日は1章を読み切ろう」などと、アクションタイムで行ったほうが、区切りよく読めるでしょう。

ディズニーにおいても、この二つの時間が、うまく用いられていると感じます。日々のショーやアトラクションのスケジュールは、当然ながらすべてクロックタイムで進行していきます。ものによっては秒単位で運用されており、ディズニーパークに流れている時間は、**ゲストには見えない舞台裏で徹底的に管理されています。**

そんな中で、アクションタイムで行われているものは何かといえば、「**企画段階での細部へのこだわり**」です。たとえばアトラクションの中にいる小さな動物一つとっても、目や首の動き、毛の質感など、本物そっくりにつくられています。そうして細かい部分にも徹底的にこだわっており、納得がいくものができるまでは、それがパークにお目見えすることはありません。

私たちの日常でいえば、短期計画やタスクをこなす際にはクロックタイムを使い、長期計画から日々の行動を割り出すには、アクションタイムで考えてみると、よりスムーズに計画をこなしていけるでしょう。

Time Magic

18

自分を幸せにできるのは自分しかいない

日々のアクションの結果は、
5年先、6年先の、未来の自分が
受け持つことになります。
人生の幸せは、時間をかけてそれを
育てていくことで、はじめて花開きます。

ここまで、夢や希望を持ち、長期的なスパンで計画を立てることで、人生が幸せになるとお話ししてきました。

自分が幸せになるために、やるべきことというのは、自分で見つけるしかありません。それを探し、選び、決断して、始めなければ、人生は変わりません。

満員電車に揺られて朝から会社に向かい、ランチはコンビニのサラダで手短に済ませ、夕方まで働いて、家に戻れば家事と育児があり、寝るころにはだいたい12時を回ってしまう……。

そんな毎日を、とくに展望もなく繰り返していくと、5年や6年、本当にあっという間に過ぎ去ってしまいます。

そして、その行動の結果は、5年先、6年先の、未来の自分が受け持つことになります。

忙しさの中にいると、なんとなくがんばっている気になり、「これ以上はもう無理」と、あきらめの気持ちが生まれてくるかもしれません。

しかし、自分が今「がんばって」忙しくしているのは、いったい誰のためでしょう。

自分の意思で選びとり、目標をかなえるために、予定を詰め込んだ結果、忙しくなっているのでしょうか。むしろ、まわりから求められる役割を必死にこなそうとするあまり、忙しくなってはいませんか。

もちろん、求められる役割をこなすのは重要なことなのですが、それ一辺倒になってしまっては、自分が幸せを感じられる機会が減ってしまいます。

自分を幸せにできるのは、自分自身しかいません。

そしてまた、人生の幸せというのは一朝一夕では手に入れることができません。

あらかじめ「幸せの種」をまき、時間をかけてそれを育てていくことで、はじめて花開くのです。

そのためには、まず「幸せの種」を仕込まなければいけません。

その種をつくり、植える行為が、ＰＡＲＴ１や本パートでお伝えしてきたような、自分の夢や希望、理想の人生を考え、目標を設けて長期計画を立てる、という作業なのです。

こうして**幸せの種を植えておくだけで、忙しい日常にあっても、種が花開く未来を想像して前向きに生きることができるようになるはずです。**

また、種を育てるために、資格をとったり、語学を学んだりというようなアクションも起こせて、時間の使い方を明確に定められます。

そうして、種が芽吹き、育っていく過程でも、達成感を持ち、自分の時間が充実していると感じることができます。夢や目標に一歩一歩近づいている感覚というのは、希望に満ちたものであり、気持ちをポジティブにしてくれます。

ここであらためて、質問します。

あなたは人生の「幸せの種」を、すでに持っているでしょうか。

それを育てるための、計画はありますか。

もし今、それがないとしたら、さっそく幸せの種を探すところから始めましょう。

「そんな時間すらとれない」という人も、安心してください。次のパートでは、毎日の中で時間を捻出する細かな時間術を、お伝えしていきます。

ハピネス計画実現のための8の魔法

1 ディズニーの「ハピネスの3要素」を盛り込む。

2 計画をしっかりとつくり込む。

3 脳のはたらきとクセを味方につける。

4 ワクワクする未来を具体的に思い描く。

5 「予祝」で達成のイメージを持つ。

6 完璧を目指す必要はない。

7 「2種類の時間」をうまく使いこなす。

8 自分だけが、自分を幸せにすることができる。

PART 3

夢をかなえる「自分の時間」を手に入れる魔法

Time Magic 19

TODOの優先順位をはっきりさせる

一日の仕事の
優先順位を決めるには、
TODO リストを可視化すること。
すべてリストアップしたら、
それらに優先順位を
つけていきます。

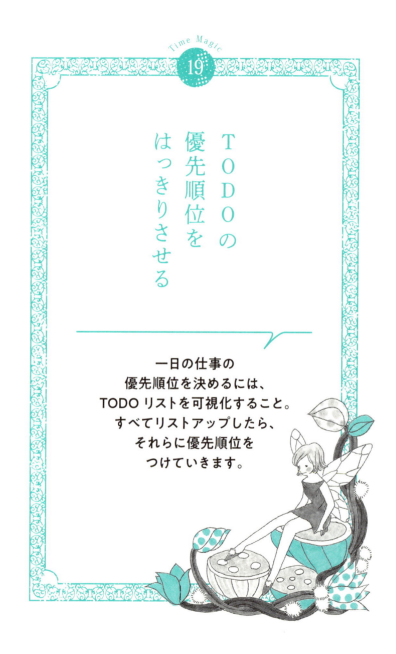

そもそも、自分の一日がなぜ忙しいのか、じっくり分析したことはあるでしょうか。

私がセミナーなどを通じて出会った、何人もの「時間がない」と悩む女性には、共通点がありました。

それは、「仕事の優先順位があいまいになってしまっている」というものです。

一日の仕事の優先順位をあらかじめ判断するためには、まずTODOリストを作成することが大切です。これを頭の中だけでやろうとすると、抜けがあったり、作業の順序があいまいになったりしがちですから、可視化することをおすすめします。

一日のタスクをすべてリストアップしたら、それらに対して優先順位をつけていきます。

優先度が高いのは、もうすぐ締め切りがきたり、相手がこちらのリアクションを待っていたりするものでしょう。

その他の基準としては、大人数が関わっている、ということもあります。関係者が増えるほど、自分の遅れによって迷惑をかける範囲が広くなってしまいがちですから、優先的に取り組むべきです。
　こうした**緊急性の高いタスクは「今すぐやる！」というくくりを設けて、そこに入れていきます**。

　そうすると、残っているタスクは、「今日じゅうにはこなしたい」「余裕があればやりたい」「とくに期限は決まっていない」のいずれかに該当すると思います。

「今日じゅうにはこなしたい」ものに関しては、やはり優先順位をつけて、順番に終わらせていくといいと思います。

　ちょっと扱いに困るのは、「余裕があればやりたい」というタスクかもしれません。そしてまた、自己投資や自分のために時間を使うなどの行為は、この枠に入れられがち。先ほどからお話ししているとおり、実はそうして**自分の未来に向けた行動こそが、ハピネスを呼び込むための大切な資産**となります。

　ここで、「余裕があればやりたい」という考えを改めて、「今日じゅうにはこなしたい」リストに昇格させてあげてほしいところです。

　そうした際の締め切りは、自分で設定します。「今日の8時までに、テキスト〇〇ページまでやる」というように、目標を明確にすると、手をつけやすくなります。こうした**「緊急性はないけれど未来のために重要なタスク」を毎日続けていくコツは、一度にたくさんの量をこなそうとしないことです。**勉強ならテキスト一日1ページでもいいので、とにかく継続して、習慣化することを目指してみましょう。

さてここまで来たら、タスクとして残っているのは、とくに期限が決まっていないけれど、なんとなくやらなければいけないと思っているものでしょう。

それらについて、一度考えていただきたいことがあります。

果たして本当に、そのタスクはやらなければならないのでしょうか？

緊急性もなく、自分の未来にもさほどつながらない……。そうしたタスクは、思いきって不要と判断し、「やらない」という選択をするのも一つの手です。

無意味に思える知人とのつきあいや、誰かにまかせても問題ないような仕事……。

そうしたものに時間を費やさなければ、直接的に空き時間をつくることができます。

こうして時間を整理すると、より効率的に一日を過ごせるはずです。

Time Magic 20

自分のアクションにかかる時間を計ってみる

時間術で効果を上げるには、
「費やす時間」をあらかじめ知っておくこと。
毎日の行動にかかる時間を知り、
現実を理解するのが
ファーストステップです。

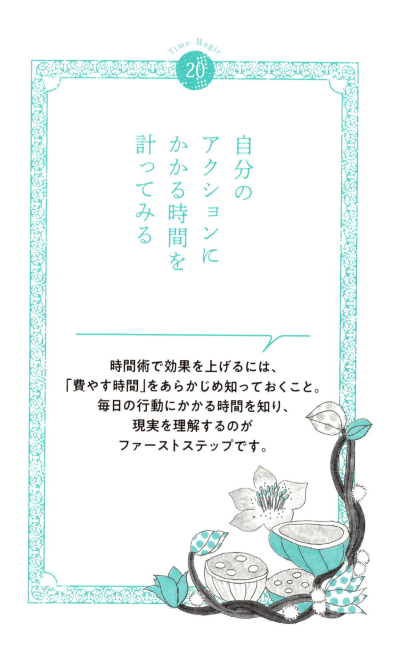

「時間がないと悩む女性」に関して、「優先順位があいまいである」というものの他に、実はもう一つの「あいまい」がありました。

それは、「作業時間の見通しがあいまい」というものです。

自分が、いったいどれくらいのスピードで目の前の作業をこなすことができるか。

それがかなりあいまいな印象を受けました。

どれほどの時間がかかるか、というのは、時間術の根幹に位置づけられるもっとも重要な情報の一つであり、ここがぶれてしまうと、時間術が成り立たなくなってしまいます。

時間術で効果を上げるには、仕事だけではなく、家事でも育児でも、費やす時間をあらかじめ知っておく必要があります。

手っ取り早いのは、実際に時間を計ることです。

そうして、毎日の行動や業務にかかる時間を知り、現実を理解するのがファーストステップになります。

また、なんらかの作業を始める際に、「なんとなく始めてしまう」のはおすすめできません。

見切り発車で動き出してしまうと、後で必要な道具や資料がないことに気づいたり、手順の誤りが明らかになったりするなどして、結局スタート地点に戻る、ということが起きがちです。

こうした「二度手間」による非生産的な時間の消費は、ぜひとも避けたいところです。それを防ぐには、やはり**事前準備**をしっかりやることです。

一見すると「準備の時間がもったいない」と思えるかもしれませんが、後で欠陥がわかって一からやりなおしたりするよりも、前段階に時間をかけておくほうが、結果としては圧倒的に効率がよくなります。

もう一つ、時間を管理するうえでのコツは、**「先送り」をできるだけ減らすということです**。本来今すべきことを先送りしてしまっては、言うまでもなくスケジュールが崩れてしまいます。

「先送り」という行動は、実は人間の脳のはたらきからきているという研究もあり、その予防は一筋縄ではいきません。

たとえば、目の前にある1万円をすぐ手に入れるのと、一日100円を4か月間もらい続けるのと、どちらがいいでしょう。

理屈としては、当然後者です。しかしそうわかっていても、目の前の1万円をとる人が多くいます。これは、損得よりも目先の満足を重視した結果の選択です。

逆に言えば、成果が目の前に見えていないものに対し、人間は行動を起こしにくい性質を持っていると考えられます。

先送りを予防するには、この性質を逆手にとる必要があります。

まずは、**ゴールをきちんと設定すること**。そこに達した自分をイメージすると、気持ちがポジティブに変わりやすくなります。

そのうえで、作業に必要なものを事前にすべてそろえ、目を閉じて作業プロセスを頭に思い描きます。そうすることで、脳は目の前の作業を「以前やったことがある」と認識し、より作業に取り組みやすくなります。

このような工夫をすることで、時間術をさらに効果的に活用できます。

Time Magic

21

大きなタスクは細かく分ける

大きな仕事は、
終わりをイメージしにくいもの。
あらかじめその作業を
一日単位で細分化し、
スケジュールを切りましょう。

忙しくなってしまう理由でよくあるものの一つとして、「大きな仕事に着手するのが遅れ、気がついたら締め切り間近だった」ということがあると思います。

100時間以上の作業が求められるようなタスクは、漠然と放置しておくと、後々、大炎上するリスクを秘めています。

そうしたタスクというのは、「締め切りがまだまだ先だから」というように、一日の中では後回しにされやすいという傾向があります。大きな仕事というのはその終わりをイメージするのが難しく、着手しづらいものです。「そろそろやらなきゃ」と慌てて取り組んで、徹夜をしてなんとか終わらせたとしても、それ以外のタスクがほぼこなせないため、ダメージは必至。

そんな事態を避けるには、大きな仕事がきた時点で、あらかじめその**作業を一日単位で細分化し、スケジュールを切ってしまうことです。**

スケジュールをつくる際のポイントは、**必ず「遊び」を設けておくことです。**仕事でも、家事や育児でも、物事がスケジュールどおりに進むというのは、そうそうありません。

たとえば、子どもが小さなうちは、よく熱を出すものです。これは、母親から引き継いだ免疫が生後6か月くらいで切れ、そこからは未発達な自分の免疫でウイルスや菌に対抗しなければならないから。ただ、そうして一度熱が出るごとに一つ免疫ができて、小学校に入るころくらいには一通りの病気にかかるので、それ以降はあまり熱を出さなくなります。

こうして子どもが熱を出すだけで、一日の歯車は大きく狂います。その他に、仕事でも急な依頼や予想外の作業が降りかかることもあるでしょう。

であれば、むしろ「予期せぬ事態が起こるのが当たり前」と考えておき、それをこなす時間を入れておきましょう。

もし、不測の事態が何も起きずに、空き時間ができたとしたら、それはそれで喜ばしいこと。自分のために使ってもいいわけです。

それと同じ枠の中の話としてあるのが「**スケジュールに固執しすぎない**」ということです。不測の事態が起これば、必ずスケジュールの修正を迫られます。真面目な性格の人ほど、スケジュールの達成にこだわり、それができないと自分を責めてしまうかもしれませんが、その必要はまったくありません。

あらかじめ、「スケジュールはある程度は変わるもの」という気持ちでいるほうが、ストレスが少なくて済むはずです。


もう一つ、タスク管理で私が心がけているのが、**「すぐに終わることはその場でやる」**というものです。

メールの返信などは典型ですが、あまり考えずとも1分もかからずこなせるような簡単な作業は、その場で終わらせてしまうと、他のタスクに影響を与えることなく、忘れることもありません。

応用編としては、頭がまだすっきりせず回転していないようなときには、優先順位をひとまず脇においておき、「すぐに終わること」から手をつける、というやり方があります。

そうすると、簡単な仕事がウォーミングアップの役割を担って、その後仕事モードにすっと入れます。

Time Magic 22

効率的に作業をこなすためのマジックナンバー「4」

**人が同時に処理できるのは、
4 つの情報まで。
今やるべき、本当に必要なタスクを
4つに集約します。
パフォーマンスが保たれ、
ミスも減らせます。**

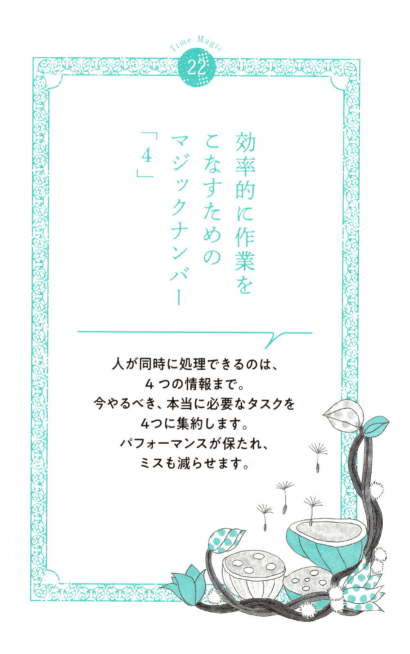

仕事をミスなく効率的にこなすための「魔法の数字」があることを、ご存知でしょうか。

近年の心理学の領域において明らかになってきているのが、「人が一度に処理できる情報量には限界があり、思考としては4つ前後である」ということです。

何かを身につけようとしたり、覚えたりする際に、いきなり10も20も並行して新たな情報を入れようとしても、脳はそれを受け入れられません。処理能力の限界を超えてしまい、何かが抜け落ちたり、進行が滞ったりして、結果的に全体のパフォーマンスが下がってしまいます。

短期の作業で、**人が並行して考えていけるのは4つまで**。このことから、心理学の世界では、4という数字は、もっとも効率的に作業をこなすための「マジックナンバー」と呼ばれます。

ディズニーの世界でも、このマジックナンバーがうまく取り入れられています。

ディズニーが目指すのは、「ゲストのハピネスを提供する」こと。あらゆるキャストがそのために仕事をしているわけですが、キャストに求められる行動基準は極めてシンプルで、以下の４つだけです。

① 安全（Safety）

ゲストや施設はもちろん、キャスト自身の安全も含め、もっとも重視されていることです。フードなどの品質管理基準も、国の基準よりはるかに厳しく設定されています。

② 礼儀（Courtesy）

作法はもちろん、相手の立場になるというホスピタリティも含まれます。研修などでは、言葉遣い、あいさつ、笑顔、アイコンタクトについてチェックされます。

③ ショー（Show）

「目に触れるものはすべてがショー」という考え方から、身だしなみや立ち居振る舞いを常に意識します。ゲスト対応から清掃まで、あらゆるシーンで求められます。

待ち時間を長く感じさせない工夫などは、この項目にあたります。

④効率（Efficiency）

ゲストのためにチームワークを発揮し、より効率的に動きます。アトラクションの待ち時間を長く感じさせない工夫などは、この項目にあたります。

これらは優先度の高い順に並び、英語の頭文字をとって「SCSE」と呼ばれています。ディズニーのキャストであれば知らない人はまずいない行動基準であり、広く深く浸透している結果、高いホスピタリティにつながっています。

こうして浸透しているのは、**守るべきは「4つだけ」**というシンプルさのおかげです。マジックナンバーの原理が、うまく活用されています。

日々の仕事や家事においても、「あれもしたい、これもしなければ」と、いくつものタスクを意識しようとすると、脳の情報処理能力がついてきません。

今やるべき、本当に必要なタスク3～4個に、意識を集約してこなすようにすると、パフォーマンスが保たれ、ミスも減らせます。そうした状態で行動を続けていけば二度手間も減り、結果的に時間に余裕ができてくるというわけです。

Time Magic 23

一日のゴールデンタイムは〝朝〟

ゴールデンタイムに行うべきは、
意思決定、発想力が必要な「考える」作業。
起床してから２～３時間後は、
一日の中で、もっとも脳が
集中しやすい時間帯です。

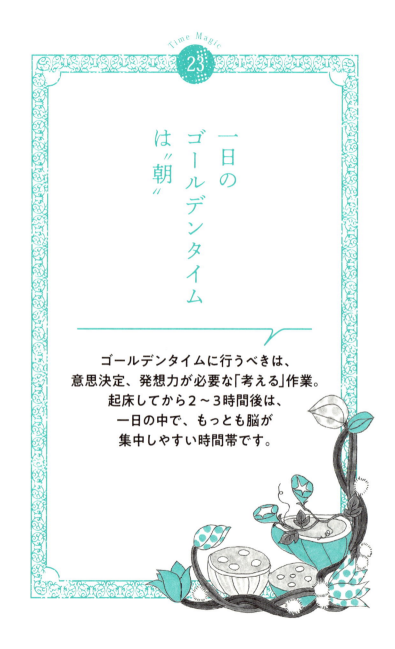

一日の中で、もっとも脳が集中しやすい時間帯があります。それは、起床してから2〜3時間後です。
人の脳は、寝ているときに前日の情報を整理しているため、朝起きると、脳の中がすっきりと片づいているような状態になっています。そのため、朝は頭がクリアになっていると感じるのです。

起床してから2〜3時間は、脳のゴールデンタイムであるといえます。
また、もう少し長いスパンでいっても、脳がまだまだ元気な午前中のほうが、疲れがたまってくる午後や夕方よりも、より集中しやすいといえます。

このゴールデンタイムや午前中に行うべきは、意思決定をしたり、発想力が必要だったりといった「考える」作業です。逆に、領収書をまとめるなどあまり考えなくてもできるような単純作業は、午後や夕方に分配したほうが、一日で見たときの作業効率が上がります。

とはいえ、人によっては「朝は頭がボーッとしている」「眠気が抜けない」という意見もあるかと思います。

そうした人であっても、朝の生活習慣を見直すだけで、脳のゴールデンタイムを有効に使うことができるようになります。

まず、朝起きたらすぐに、**日の光を浴びましょう**。具体的には3〜4分、日の光のもとにいるといいと思います。

脳科学の世界においては、朝日を浴びることで、セロトニンという脳内物質が活性化することが知られています。

セロトニンは、睡眠と覚醒のリズムをコントロールする物質であり、その活性が上がると脳が覚醒します。睡眠時には、セロトニンの活性は著しく低下しており、寝起きでもまだ同じ状況です。そこで朝日を浴びて、セロトニンの分泌を促すことで、脳をより早く活動状態にできるのです。

もう一つ、おすすめなのは、**シャワーを浴びることです**。

朝起きて頭がボーッとしているのは、脳の「副交感神経」が優位になっているからです。

脳には、心拍、呼吸、消化、体温調整など生命活動に関わる重要な役割を担っている「自律神経」という器官があります。

自律神経は、交感神経と副交感神経という二つの神経群からなっています。そして、交感神経が優位になれば、心拍数や体温が上がるなど、体が活動しやすい状態となり、副交感神経が優位になると、反対に心拍数や体温が下がるなどして、体がリラックスした休息状態になります。

さて、朝は睡眠という休息状態から脳が目覚めたばかりですから、状態としては副交感神経が優位となっており、しばらくはそれが続きます。

それをスムーズに切り替え、交感神経優位の活動状態に持っていくのに、シャワーが有効なのです。

お湯を浴びることで、心拍数や体温が上がります。そうすると、体は自然に交感神経優位に切り替わり、シャワーを終えるころには、**頭もすっきりと活動状態になります**。こうした生活習慣を取り入れ、ぜひ朝のゴールデンタイムを有効活用してみてはいかがでしょう。

Time Magic

24

締め切りは短めに設定する

全力で取り組まないと終わらないくらいの
タイトな締め切りを設定すると、
より追い込まれ
作業効率はアップします。

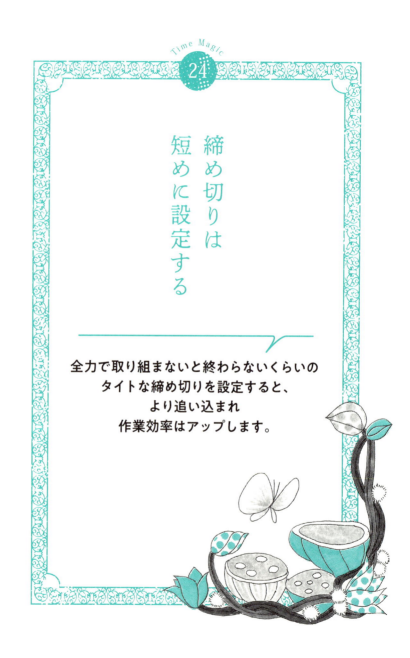

前パートで、クロックタイムとアクションタイムについて解説しましたが、時間的制約のあるクロックタイムで何か作業をする際には、締め切りをそれなりに厳しく設定することをおすすめします。

幼少のころ、夏休みの宿題を、最後の一日、二日で仕上げた記憶がある人はいらっしゃるでしょうか。

小学生が集中できる時間など、たかが知れているはずなのに、そのときばかりは必死に取り組み、なんとか帳尻を合わせられた……。それができるのは、実は脳のはたらきのおかげです。

太古、人類がまだ文明を持たず、山や平野をさまよっていたときには、他の肉食動物に襲われるなどの危険に、常に脅かされていました。

そうして生命の危機に瀕したとき、脳内ではノルアドレナリンという物質が分泌されます。ノルアドレナリンは、感覚を研ぎ澄まして、集中力を一気に高め、脳の最高のパフォーマンスを引き出してくれます。そうして人類は脳をフルに使いきって、生命の危機を脱してきたのです。

その構造は、現在の私たちにも引き継がれています。

命の危険というレベルまでいかなくとも、何かに追い込まれた状態になると、脳内にはノルアドレナリンが分泌し、脳のパフォーマンスを上げてくれます。

そしてこの性質は、「締め切り」という制限を課すことによっても、十分引き出せるのです。

制限時間を定めると、作業効率がアップするというのは、科学的にも証明されています。

ドイツの精神学者、エミール・クレペリンは、単純作業を長時間行った場合の、時間経過と作業量の変化に着目し、その変化を測定して、作業曲線という概念を導き出しました。それを応用した「内田クレペリン検査」は、現在もハローワークや入社試験、採用試験に導入されています。

このクレペリン検査で、多くの人に共通して観察される作業曲線の傾向があるといいます。検査開始直後は作業効率が高く、中間では「疲れ・飽き」のために作業効率が低下、そして「もう少しで終了する」という最後の数分間は、作業効率がまたアップするというのです。

それに従うなら、締め切りがない作業の場合、集中力が高まっている状態で取り組めるのは、最初のうちのみ。中盤からは、作業効率が低下した状態です。ところが締め切りを設ければ、最後にもまた集中力の山場がやってきます。これが、先ほど説明した、いわゆる「追い込まれた状態」の脳の活性化です。

たとえば4時間かかる作業を、1時間ごとに締め切りを設定し、4分割してやったらどうでしょう。結果的に集中力が高まっている時間が長くなるため、全体としての効率も上がります。

そしてまた、全力で取り組まないと終わらないくらいのタイトな締め切りを設定したほうが、より追い込まれるのでノルアドレナリンが分泌されやすくなります。

以上のような理由から、制限時間があったほうが、私たちはより効率的に作業をこなせます。

「ちょっと厳し目」を意識しつつ、締め切りのない作業にも自分で制限時間を設定し、取り組んでみてはいかがでしょう。

Time Magic
25

頼み上手は、タイムマネジメント上手

上手に断る魔法は「ホスピタリティ」。
相手の立場や事情を汲んで、
意思表示をすることがポイントです。
また、まかせられる部分は
誰かに頼ることです。

「空気を読む文化」の中にいる私たち日本人は、断り下手なところがあります。

断って、失礼だと思われたらどうしよう……。

冷たい印象を与えたくない……。

そうしてなんとなく断れずに、本来であればひと言述べるだけで避けられた仕事を引き受けてしまうと、当然時間がなくなります。


自分にさほど関係がなかったり、とくに重要とは思えなかったりする仕事は、勇気を出して、断ることをおすすめします。

ただしそこで「私には関係ないのでやりません」というようなきつい言い方をしてしまうと、角が立ってしまいます。

上手に断りを入れるための魔法があります。

基本となるのは、ホスピタリティです。

相手の立場や事情を汲んだうえで、意思表示をすることがポイントとなります。

たとえば、どうしてもはずせない予定のある夜に、上司からさほど緊急とは思えない仕事を頼まれたとします。

その際にまず伝えたいのは、相手の期待を裏切って、仕事を断ることに対する謝罪です。

「大変申し訳ありません。お受けできそうにありません」

そうして**謝りつつ意思表示をしたうえで、なぜ受けられないのかという理由を明確に示すようにします**。「以前よりお世話になっている方との会食があり、どうしてもそちらに行かなければなりません」など、できるだけ相手が納得できそうなものがベストですが、気乗りがしないという場合には素直に「気分がすぐれない」などと伝えるようにしましょう。

さらに一歩踏み込むなら、代案を提出するところまでできればベストです。

「もしお急ぎであれば、外注先でそうした作業を受けているところを知っているので、連絡を入れてみましょうか」などと、断るかわりのひと手間を惜しまなければ、信頼が下がることはないはずです。

これらは仕事だけではなく、親戚とのつきあいや友人関係においても使えるノウハウですから、意識してみてください。

断ること以外にもう一つ、直接的に時間を確保できる方法があります。

それは、「**人に頼る**」ということです。

これもまた、私たち日本人にとっては勇気のいること。実際に、「頼み下手」という自覚がある人も多いと思います。

しかしそこで、どうか勇気を持って、まかせられる部分は人に頼るようにしてみてください。

常にすべてを一人で完璧にこなそうとしていると、いつか疲れ果ててしまいます。しんどいときには「疲れた、助けて」と声を上げ、家族や仲間の手を借りてもいいのです。それは極めて自然な行為です。

こうして「頼る」という行動の延長線上に、「家事の一部をプロにまかせる」ということがあります。

たとえば、シャツをクリーニングに出したり、植木の剪定《せんてい》を頼んだりと、積極的に人にまかせてみる。たしかに出費はありますが、それだけでずいぶん時間が空いたり、気が楽になったりします。

Time Magic 26

一日の家事を10分だけ短縮する

一日の家事を10分短縮すると、
1か月で約5時間の空きが出ます。
自分を幸せにするための時間を
確保することが、
家事のやり方次第で
可能になります。

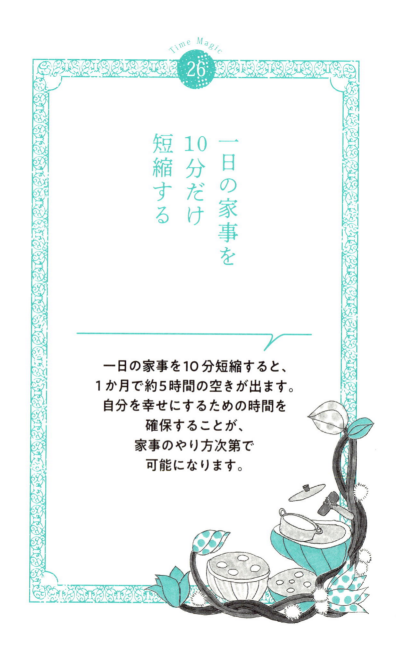

続いて、家事に関する少し具体的な時間術をお話ししていきましょう。

総務省統計局の調査によると、2017年の「女性の一日の平均家事時間」は、2時間24分。単純計算で、1週間なら16時間48分、1か月なら72時間ほども、家事をこなしていることになります。


もし、一日の家事を10分だけ短縮できたとしたら……。

1か月で、約5時間もの時間が空くことになります。

5時間あれば、買い物もできるでしょうし、ヘアサロンやネイルにも行けるかもしれません。そうして自分を幸せにするための時間を確保することが、家事のやり方次第で可能になるのですから、まさに魔法です。


まずは、料理に関してです。

料理の時短術は、買い出しの時点から始まります。

私は、あらかじめ1か月分の献立を決めておき、まとめて買い物に行くようにしています。それによって、スーパーと家を往復する時間を省くことができますし、計画的に買い物をすることになるので、食材の無駄もほぼ出ません。

スーパーでの買い物の仕方にも、コツがあります。

多くのスーパーのレイアウトは、入り口からフルーツ、野菜、魚、肉、牛乳、卵、総菜という順番に並び、店舗中央には調味料や日用品が配されています。各店舗により若干の違いはあるにせよ、大まかにはこのレイアウトとなっています。

それを押さえたうえで、買い物リストをその**順番に並べておく**と、どうでしょう。買い忘れて入り口まで戻ったりするようなことがなくなり、効率的に買い物をすることができます。

買い物をする時間がどうしてもとれなかったりしたときは、ネット注文なども活用しています。近所のスーパーで買うよりは値段が高くなりますが、「時間を買う」と考えればさほど悪い投資ではないはずです。

冷蔵庫の中を、**整理整頓しておく**ことも大切です。

ボックスなどを使って、肉、魚、野菜それぞれの**置き場所をきちんと分けておく**ことで、ほしい食材が見つかります。また、使いかけのものを前面に出しておくことで、うっかり奥のほうで腐らせてしまうようなことも防げます。

いざ、料理をするときには、その日に食べるぶんだけではなく、ある程度の量をまとめて仕込みます。たとえば餃子やシュウマイを作って冷凍しておくなどです。

調理をするときは、まな板の上にオーブン用シートを敷いておくと、まな板を肉用、魚用と分けたり、使うたびに洗ったりする手間が省けます。

野菜を茹でる際は、その日に使う分だけではなく、数日先の分までまとめて茹でてしまいます。それを冷蔵庫にストックしておいて、お弁当や翌日の昼食などに使っています。

和え物などは、見た目がおしゃれな保存容器に小分けにして冷蔵庫にしまっておけば、そのまま食卓に出すことができます。

これらを実践するだけで、ずいぶんと時間が短縮できるはずです。

Time Magic

27

生活動線を考えて効率的にモノを置く

整理整頓は「一日10分」。
モノの整理は、「必要なもの」「不要なもの」「迷うもの」の３つに分類。
整頓は、自分の動線を考えて配置していくことです。

家事における時間術を語るうえではずせない要素が、整理整頓です。どこに何があるかすぐにわかる、ひと目で見てとれる。そんな状態になっていると、ものを探す時間が短縮できます。

ディズニーにおいても、整理整頓は重要視されています。たとえば商品を保管する倉庫には、大量の商品が並んでいますが、雑然と積み上がっているわけではありません。置き場所が細かく指定されており、迷うことなく取り出せるようになっています。

さらにディズニーでは、商品の保管や管理を専門に行う「ストックキャスト」がいて、商品の**置き場所を周知する**などの役割を担っています。そこまで徹底して、業務の効率化を図っているわけです。

家でも、オフィスでも、整理整頓で行うべき基本的な行動は変わりません。その前提としていえるのは、**一日で一気に片づけようなどと思わないこと**。あまり労力がかかってしまうと、次回取り組むのが億劫《おっくう》になり、継続的に整った環境を保つのが難しくなります。

整理整頓を始めるなら、「一日10分」などと、短い時間で区切るのがいいでしょう。そして、それが習慣化されていくと、常に整理整頓が行き届いた状態をキープすることができるようになってきます。「今日は机の上だけ」「一番上の引き出し」など、すぐ終わる範囲を定めてから取り組んでみてください。

モノの整理をするときには、まず「必要なもの」「不要なもの」「迷うもの」の3つに分類していきます。そのうえで、必要なものに正しい置き場所を与え、整頓していきます。

整頓するコツは、**自分の動線を考えて必要なものを配置していく**ということがあります。

たとえば、鍵や腕時計、ICカード、社員証、ハンカチなど、外出する際に必ず持つようなアイテムは、玄関または玄関に近いところにその置き場をつくれば、リビングやダイニングなどに散らばりませんし、忘れ物も減ります。

その他に、家事の一大項目である掃除に関しても、効率化を意識したいところです。

私が習慣的に行っているのは、朝、自分がトイレに入ったら必ず掃除をするのと、お風呂は自分が最後に出るときに磨くということです。こうして毎日掃除をしているので汚れがたまらず、年末の大掃除の時間を短縮できています。

掃除道具を見えないところにしまい込んでしまうと、それを探して取り出すのが億劫になり、汚れを「見ないふり」してしまうかもしれません。

もちろんすべての掃除道具を、部屋に出しておく必要はありません。おすすめは、フロアワイパーです。ちょっとしたほこりや汚れを見つけたら、さっとひと拭き。それもまた、習慣化すれば家が自然にきれいにキープできます。

フロアワイパーを立てておくためのおしゃれなスタンドもあり、それを使えば見た目にもさほど気にならないはずです。

ちなみに、ほこり掃除にもっとも適している時間は朝です。

ほこりは人が動くと舞い上がり、動きがなくなってから10時間ほどかけてゆっくり落下していきます。朝いちばんにフロアワイパーをかけ、ほこりを一網打尽にしてしまいましょう。

自分の時間をつくるための 9の魔法

1 物事の優先順位をはっきりさせる。

2 自分の作業時間を知っておく。

3 大きなタスクは細分化して、日々消化する。

4 並行して考えるタスクは最大4つまで。

5 朝は、脳のゴールデンタイム。集中力アップ！

6 締め切りは、ちょっと厳しめに設定する。

7 ときには誰かに頼っていい。

8 一日の家事を10分短縮する。

9 整理整頓で探し物をなくす。

PART

4

夢をかなえる「心」の魔法

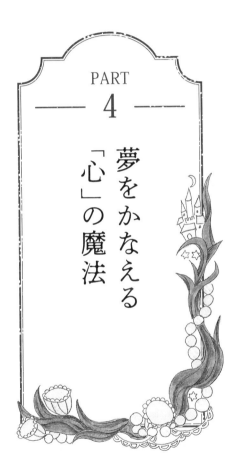

Time Magic

28

心の持ち方が、時間の使い方を左右する

自分の「やる気の源泉」を
特定しておくと、
いつでもそこに
立ち返り、
前を向けます。

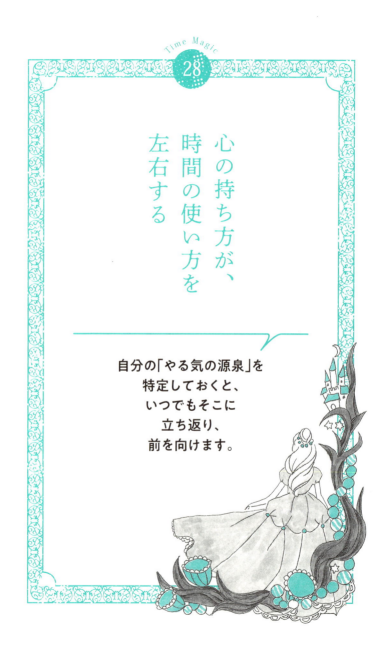

いくら時間術を身につけても、気持ちが乗らなかったり、やる気が起きなかったりすれば、なかなか行動に移せず、ずるずると時間を過ごしてしまいやすいものです。

反対に、気持ちが前を向いた状態で物事に取り組めば、集中力が高まり、より短時間で作業をこなすことができるでしょう。

その意味で、時間術を活用し、習慣化していくための最後のハードルは、私たちの「心の持ち方」にあるといえます。

ここからは、心を前向きに保ち、積極的に時間術を実践していくためのメンタル面のお話をしていきます。


ディズニーのキャストには、「いつも笑顔で明るく働いている」というイメージがないでしょうか。

キャストたちのほとんどはアルバイト（有期雇用者）にもかかわらず、モチベーション高く、一生懸命働いています。そしてそれが、ディズニーのホスピタリティの大きな部分を担っています。

ディズニーでのキャストの仕事というのは、決して楽なことばかりではありません。

典型的なサービス業であり、自分の感情はさておいてゲストに尽くす、感情労働です。一般的にはストレスが高いといわれるこうした仕事を、いったいなぜ前向きにこなし続けることができるのでしょう。

私がディズニーの人事部にいたときに、キャストにヒアリングする機会が多くありました。また、大学教員となった今でも、ディズニーでアルバイトをする学生から話を聞くことができています。

そうした経験を通じ、私が思い至ったのは、ディズニーキャストには、以下の3つの「やる気の源泉」があるということでした。

①「一体感」……一緒に働く仲間をかけがえがないと思える。
②「自己成長感」……前よりも自分が成長していると感じられる。
③「ゲストからの感謝」……努力すると感謝が自分に返ってくる。

これはあくまでディズニーの場合ですが、こうして自分にとっての「やる気の源泉」を特定しておくことができれば、モチベーションが下がった際にもそこに立ち返り、意識的にやる気を高めて、前を向けるはずです。

あなたの「やる気の源泉」の手がかりとするために、以下の質問に答えてみてください。

Q 何のために働いていますか？
Q 今の仕事の目標は何ですか？
Q どんなときに達成感を持ちますか？

この3つに対する答えというのは、いわばあなたの「働く喜び」です。

紙に書き出しておいて、やる気が下がったり、失敗して落ち込んだりしたときにあらためて読み上げ、働く喜びを思い出してみてください。

また、習慣化という観点からいえば、「やる気スイッチ」を入れる行動を自ら設定しておくといいと思います。たとえば、朝はまず窓を開けて空気を入れ換え、コーヒーを淹れてから机に向かうと「仕事モード」になる、という感じです。それができると、あまり考えずとも自然にやる気を持って仕事に手をつけられます。

Time Magic 29

損得より心を満たす仕事をしよう

「ハピネス」は、人間が生来持っている
根源的な幸福のこと。
精神的な豊かさに軸を置くことで、
仕事を通じて自分を幸福に
することがかないます。

あなたが、仕事をするうえでのやりがいはなんでしょう。

地位を得る、昇給する……。

もちろんそうした物質的な豊かさも目標にはなるでしょうが、「幸せ」という観点からみると、お客様を喜ばせる、仲間の役に立つなど、精神的なところで感じるやりがいのほうが、仕事における幸福感を維持しやすいということが研究で明らかになっています。


アメリカの心理学者、ブリックマンとキャンベルは、宝くじに当たった人々と、事故で半身不随になってしまった人々に対し、その幸福度を量るという研究を行いました。すると、宝くじの当選者は、当たった直後こそ幸福度が急上昇しましたが、時間とともに幸福度は落ちていき、しばらくすると当選前の状態に戻ってしまいました。一方の半身不随になった人々は、事故直後には幸福度が大きく下がりましたが、時間が経過するとともに幸福度は回復し、事故前と同程度まで上がったといいます。

こうした研究から見えてきたのが、ずっと幸せでいたいなら、物質的に豊かになるより精神的な幸福を追求するほうがいいということです。

ディズニーのテーマパークは、それを十分に考慮したうえで設計されています。

ディズニーには、創業以来変わらないビジョンがあります。

それは、**ゲストにハピネスを提供する**、ということです。

ハピネスという英語は、幸せ、幸運、満足、喜びなどと訳され、**人間が生来持っている根源的な幸福**を表しています。

ちなみに、人生における幸せというのは、大きく二種に分かれます。一つは、お金持ちになる、おいしいものを食べる、地位を得るなどの、物質的な豊かさからくる幸せ。もう一つは、愛し愛される、子どもを慈しむ、友情を育むといった、精神的な豊かさによる幸せです。


そしてディズニーが目指しているハピネスは、後者の**精神的な豊かさ**にあたります。

ディズニーで働くキャストたちも、このハピネスをとても大切にしています。その結果、時給の額や昇給といった物質的な豊かさよりも、ゲストからの感謝の言葉や仲間との信頼関係などの精神的な豊かさに重きをおき、充実感を持って働いている人がたくさんいます。

精神的な豊かさの形は、それこそ千差万別であり、ゲスト一人ひとりによって違ってきます。それを満たしていくのは難しくもありますが、だからこそのやりがいがあります。こうしてディズニーのキャストは、幸福感とやりがいを持って働いており、だからこそ生き生きとして見えるのだと思います。

あなたは、お金を使う際に、ブランドもののバッグと旅行なら、どちらを選ぶでしょうか。少なくとも幸福という観点からすれば、バッグを買う幸せよりも、旅行でできた幸せな思い出のほうが、人生を豊かに彩ってくれるといえそうです。

仕事においてもまったく同じことが当てはまります。

ディズニーのキャストのように、**精神的な豊かさに軸を置いて働くことで、仕事を通じて自分を幸福にすることがかないます。**

こんな仕事ができて、私は幸せ者。

そう感じながら働くことができれば、きっと常にモチベーション高く仕事に臨め、いつも前向きな気持ちでいられるでしょう。

Time Magic 30

「できそう」という イメージを いつも持つ

「できそう」と思うか
「できないかも」と思うかを
左右するのが、自己効力感。
自己効力感を高めれば、
前向きに取り組め、成功する可能性は
高くなります。

目の前のタスクに対し、自分がそれをどう感じるかによっても、やる気や作業効率が変わってきます。

私たちが何か行動を起こす際に、それを「できそう」と思うか、「できないかも」と思うか、というセルフイメージを、心理学では「自己効力感」と呼びます。この概念は、カナダの心理学者、アルバート・バンデューラによって提唱されました。

自己効力感は、行動に影響を及ぼします。

たとえば、「電車にもう間に合いそうもない」と思ったら、乗ることをあきらめてしまうでしょう。しかしそこで、「ぎりぎりだけれどきっと間に合う」と思えば、乗るための努力を惜しまずにできます。

こうしてとっさに、「できそう」と思うか「できないかも」と思うかを左右するのが、自己効力感であり、それが高いほどポジティブに「できそう」と考えて行動に移すことができます。

自己効力感が高い人の特徴は、活動的で前向きなこと。**成功のビジョンを思い描いて、労力を惜しまずにチャレンジするので、結果としても成功する可能性が高まりま**

す。反対に、自己効力感が低ければ、「ミスをするかも」といったネガティブなイメージが強くなり「どうせ失敗するのだから」という発想から、無意識に労力を惜しみ、結果につながらないことが増えます。

結論としていえるのは、**自己効力感を高めれば、何をするにも前向きに取り組むことができ、成功する可能性が高くなります。**

自己効力感が高いというのは、ディズニーキャストたちの特徴の一つでもあります。あいにくの雨の日にも、ほうきと水たまりの水で地面に絵を描き、雨ならではの楽しみを創出します。落とし物をしたゲストがいたら、たくさんのキャストが一丸となって、あきらめることなくパーク内を大捜索します。

こうした行動の裏にあるのは、「雨でもきっと楽しくできる」「落とし物は必ず見つかる」といった、ポジティブな自己効力感です。もし彼らが、「雨の日は魅力が落ちるのもしょうがない、天気には勝てない」「こんな広いパーク内で、落とし物が出てくるはずがない」と考えてしまったら、もう前述のような行動を起こすことはできなくなります。

ディズニーのキャストのように、自己効力感を高い状態にするには、どうしたらいいでしょう。

もっとも効果的なのは、**成功体験を積み重ねる**ということです。

一つの成功で自信がつき、それが自己肯定感を高め、次の成功を引き寄せ……という正のループが生まれれば、自己肯定感はどんどん上がっていきます。

成功体験を積むためのコツとしては、最初はとにかく低いハードルから始めることです。

たとえば、ランニングでいきなり20キロも走ろうとすれば、失敗する可能性が高く、むしろ自己肯定感が下がってしまいます。５００メートルでも1キロでもいいので、自分が「これなら走れそう」と思う距離からスタートし、「次は前回より１００メートル走る距離を伸ばしてみよう」などと目標を細かく刻んで、達成する経験を積み上げていきます。

自己肯定感とはすなわち、「**自分の努力を、自分で認めてあげる**」ことで生まれる感情です。何かを達成したら大いに自分を褒めるというのも、自己肯定感を高めることにつながります。

Time Magic 31

人生への好奇心と挑戦する勇気を持ち続ける

人生に対していつも
前向きでいること。
時間術は、新たなことにチャレンジし、
人生の可能性を広げていく時間を
見出すためにあります。

人生において、仕事をしている時間というのは、大きな割合を占めています。ですから、仕事からいかに充実感を得るかで、人生の幸せの量が左右されます。

仕事との向き合い方というのは、キャリアや年齢によって変化してきます。それをよく表しているのが、「人生のVSOPモデル」です。年齢ごとの仕事の在り方を象徴する単語の頭文字をとって、その名がついています。

20代――「Vitality（活力）」の時代

まだキャリアが浅く、ハイパフォーマンスはできませんが、それを補える体力と気力があります。失敗しても取り返すだけの時間もあり、さまざまなことにチャレンジするほど可能性が広がっていきます。

30代――「Speciality（専門性）」の時代

20代で積んだ経験から、自分が好きなことや得意なことを選んで、その能力に磨きをかけていく時代です。自分の芯をつくり上げ、「誰にも負けない」と思えるような高いレベルの専門性を持てるのが理想です。

40代――「Originality（独自性）」の時代

多くの人が、この時代にマネジメント領域に踏み込んでいきます。部下に作業をまかせつつ仕事の全体像を見渡し、そのうえで自分が磨き上げてきた専門性を活かし、自分らしい独自の仕事のスタイルをつくり上げていきます。

50代――「Personality（人間力）」の時代

リーダーとして部下を率いる立場になっていきます。何人もの部下を一つにまとめるには仕事力だけでは不十分であり、「あの人についていきたい」と思ってもらう必要があります。そうした魅力ある上司でいるためには、人間力が欠かせません。これまで積み重ねてきた本人の人格が試されます。

こうした世代ごとの特色を押さえたうえで、先を見据えて行動するように意識すると、キャリアとして最短の道を歩んでいけるかもしれません。そうして順調にキャリアを積んでいければ、自然に仕事で充実感や達成感を覚えることが多くなり、気力が充実した状態で仕事と向き合い続けることができるでしょう。

そして、このキャリア論に加えて心がけたいことが一つあります。

新しいことに対する好奇心と、チャレンジする勇気を、持ち続ける――。

私の大好きなウォルトの言葉があります。

『私たちは前進を続け、新しい扉を開き、新たなことを成し遂げていく。なぜなら、好奇心が旺盛だからだ。好奇心があれば、いつだって新たな道に導かれるんだ』

そんなふうに、人生に対していつも前向きでいられれば、きっとどんな一日を過ごしても翌日の朝は希望に満ちた新たな気持ちでベッドから起き上がることができます。

本書で紹介してきた時間術は、そうして**新たなことにどんどん取り組み、人生の可能性を広げていく時間を見出すためにあります。**

私たちは、いつだって、新たなことを成し遂げられるのです。

Time Magic 32

「自分リセット」の時間を持つ

**自分のために休む勇気を持つこと。
休みを予定の一つとして、
あらかじめ組み込んで
しまいましょう。**

日本人は、「休み下手」であるといわれます。

海外では、いくら仕事が忙しかろうが、休みをとるのは当たり前。むしろ忙しいときこそ、あえて休みをとって心身をリフレッシュし、その後の生産性を高めようと考える人が多くいます。しかし日本では、どうしても周囲の空気を読み、「私だけ休むわけにはいかない」という責任感から、休日も活動してしまいがちです。

仕事に、家事にと、忙しい中にいると、自分が休んだり、楽しんだりすることに時間を割くのに、罪悪感を持ってしまう人もいるかもしれません。

空いた時間は、家族のために使わなければ……。

せっかくだから、子どもをどこかに連れていかなきゃ……。

気持ちはとてもよくわかります。しかしどうか、そこで自分のために休む勇気を持っていただきたいと思います。

愛情というのは、自分の心に余裕がなければ、与えることが難しくなります。

心が疲れ果てている状態で、無理に家族サービスをしたとしても、出先で夫に八つ当たりをしてしまったり、些細なことでも子どもを叱ってしまったりしがちです。これは動物的な本能でもあり、自らが追い詰められている状況のときには、攻撃的になりいらだってしまうものなのです。

そして、そんな行動をとってしまった自分を恥じ、責めて、さらに苦悩を抱え込んでしまう……。そうした悪循環に陥るのを防ぐためにも、「**自分だけのための休み**」が必要なのです。

私は、どんなに忙しい最中でも、自分だけの時間を持つようにしています。

買い物、ネイル、マッサージ、映画……ときにはバーでひとり、ゆっくりグラスを傾けたりもしています。そうすることで頭が整理でき、自分の心がリセットされ、新たなエネルギーが充電される感覚があります。

仕事の面で言っても、疲労が積み重なっている状態では、生産性は低くなります。疲れ果てていては、日ごろの能力の半分も発揮できないかもしれません。そこで無理をしても、効率が上がることはなく、時間ばかり失われていきます。

逆に言えば、思いきって一日、休みをとった結果、生産性が大きく上がり、これまでてこずっていた仕事が一気に片づくというようなこともあります。

休みをとるコツとしては、**休みを予定の一つとして、あらかじめ組み込んでしまうことです。**

「疲れたら行こう」という発想だと、どうしても休みが先延ばしになってしまいがちです。まだ大丈夫、もう少しがんばれる……。その積み重ねは、ときに心を壊しかねないほどの疲労をためる原因となります。

スケジュールを見れば、忙しいタイミングや時期がわかると思います。そこでストレスがたまるのも想像に難くないはずですから、「きっとこの辺りで息抜きが必要になる」と予測して、休みを入れるのです。

どんなに忙しい最中でも、辛くなったら、休んでいい。

むしろそのほうが、すべてがうまくいく。

それを忘れないでいただきたいと思います。

Time Magic 33

「ワーク・ライフ・バランス」に振り回されない

**ワークとライフのバランスは人それぞれ。
順番もタイミングも、偶然の出会いや
人生の風向きによって、バランスを
とっていけばいいのだと思います。**

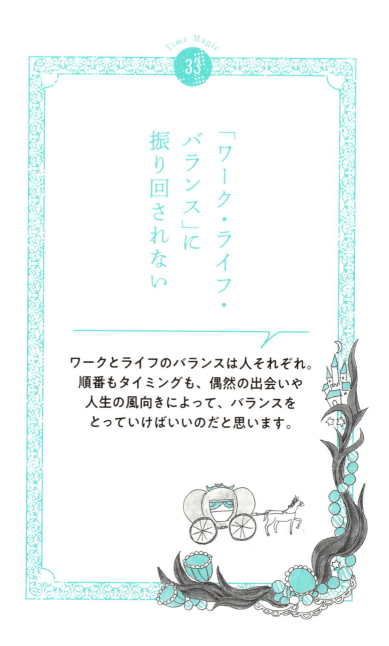

PART1でも少しだけ触れましたが、人生の時間の使い方について考えるにあたり、「ワーク・ライフ・バランス」という言葉を思い浮かべた人もいると思います。あらためて解説を加えておくと、ワーク・ライフ・バランスとは、仕事と生活の調和を表し、内閣府の男女共同参画局が推進している取り組みの一つでもあります。


ただ、個人的にはこの考え方には、若干の違和感を覚えます。

仕事、家庭、趣味に、一日の時間をバランスよく分配することができれば、たしかに充実した日々を送れるでしょう。


しかし、現実はそう単純にできてはいません。

たとえば「仕事ができる人」は、効率的に業務を片づけ、空いた時間を趣味に振り分けられると思われがちですが、実際は仕事というのはできる人のもとにたくさん集まってきます。それをきちんと真面目にこなせば、役職が上がり、責任の範囲が増えていきます。こうしてずっと忙しいまま、仕事に追われることになるかもしれません。

そんな忙しさを嫌がり、「家庭に入りたい」「趣味も大事」という名目で仕事の量をセーブすれば、経験も積めず、力がつくのも遅くなり、役職もなかなか上がりません。それでは仕事の本質的なやりがいを知ることなく、ただ時間を費やす状態になってしまいかねません。

ワーク・ライフ・バランスという考え方自体は、悪いものではありませんが、それに振り回されすぎると、現実との乖離《かいり》が起き、仕事、家庭、趣味の全部が中途半端にしかこなせなくなる。私はそう考えています。

自分の身を振り返れば、30代のときにはとにかく仕事一筋でした。日本のディズニーの運営を手掛けるオリエンタルランドで、人事部、商品部などさまざまな職種につきましたが、結局もっとも大切なのは「ゲストのハピネス」であり、自らのハピネスについて考えるのは、後回しになっていました。

正直に言うと、当時は「私の人生、ずっとこれでいいのかな」という気持ちもありました。結婚して子どもを持つことに憧れもありました。

しかしやはり、仕事に全力を尽くし、生活の多くを捧げました。なぜなら、仕事がとても楽しく、やりがいや充実感、達成感を持つことができていたからです。

そんな私の姿を見た人から「紹介したい男性がいる」と引き合わされたのが、現在の夫でした。一生懸命仕事に取り組んでいた私を信頼し、紹介してくださったとのことですから、どんな場所にも、自分の努力やがんばりを見ている人は必ずいるのだと思います。

そうして結婚し、出産を経て、私の生活の中に家庭と育児という新たな彩りが加わりました。いわば自然に、ワークとライフのバランスが変わっていったのです。

人生100年の時代に入ろうとしています。

一生というスパンでワーク・ライフ・バランスを考えるとすれば、仕事に邁進している時期が10年あっても、子育てにすべてを捧げる時間が10年あっても、まだまだ調整がききます。仕事を辞めてから、趣味に熱中してもいい。そうした**順番もタイミングも人それぞれで、偶然の出会いや人生の風向きによって、バランスをとっていけばいいのです**。

その時々を、精一杯生きていくこと。それを積み上げていけば、きっと自然に人生のバランスは整い、ふと気づけば幸せな自分がいるはずです。

心を前向きにするための6の魔法

1　心の持ち方で、時間術の成否が決まる。

2　損得よりも、心を満たす仕事を選ぶ。

3　成功体験を重ね、自己効力感を上げる。

4　いくつになっても、
新たなことに挑戦していい。

5　自分をリセットする休息時間を持つ。

6　人生全体で、
仕事と生活のバランスが合えばいい。

PART

5

夢をかなえる「一日を変える」魔法

番外編

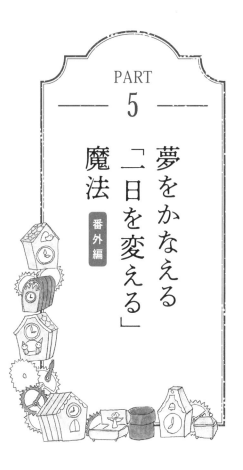

毎日が少し変わる時間の使い方

　これまで、私流の時間術を紹介してきました。ここでは、日々の時間のやりくりがうまくいかずに悩みを抱えている方のリアルな声を紹介します。

　そして、彼女たちの悩みと私なりに向き合い、その解決の一助となるべく、アドバイスをお送りします。

　この中には、あなたと同じような経験をして、悩んでいる方もいるはずですから、きっと参考になると思います。

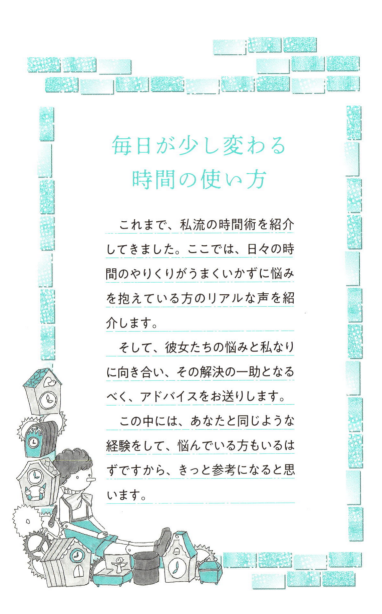

悩み 1

時間管理が思いどおりにいかずイライラ

M・Iさん
42歳　子ども10歳、3歳　時短勤務

仕事、家事、育児、そして自分の時間の使い方……。何かよいやり方はないかといつも考えていますが、思うようにいかないまま、時間を浪費している感覚です。

仕事から帰ってきて、育児や食事の準備で手一杯になり、掃除ができない。それで家が片づいていないとイライラして、子どもにやさしくなれないという悪循環に陥っています。用事の優先順位をつけたり、子どものスケジュールをできる限り把握しようとしたりもしているのですが、そうしてしっかり管理しようとすると、睡眠時間を削るしかなく、なんだかいつも疲れている感じです。

そうやって予定を立てても、子どもの病気などがあれば計画どおりに動けず、やることがどんどんたまってしまいます。

ハピネス・アドバイス

〝ながら掃除〟を習慣にして心身すっきり

いろいろとお悩みが重なり、大変お疲れのようですね。

ここはぜひ、時間術で余裕を取り戻したいところです。

掃除に関しては、「今日こそまとめて掃除をしよう」と意気込むと、なかなか労力がかかり、できなかったときに自分を責めたりもしてしまいがちです。

そこでおすすめなのが、「ながら掃除」です。

たとえば、トイレで用を足すついでにさっとお掃除。お風呂を上がるときにも、排水溝のゴミをとりバスタブを磨きます。食器を洗うのと一緒に、シンクもきれいにしてしまいましょう。こうした「ながら掃除」を、植物の水やりなどと同じように習慣化してしまえば、時間が効率化できるのに加え、精神的にもすっきりしてずいぶん楽になるはずです。

子どものスケジュール管理は、私の場合、Googleカレンダーに入力してそれを夫と共有しています。入力は、昼休みや電車に乗っている際などの隙間時間で行っています。全部自分で入力しようとはせず、「今月は夫にお願いしよう」などというふうに夫婦で分担するのもよいかもしれません。

不慮のできごとでスケジュールが狂うのは、どうにも避けられません。そこでモノを言うのは、「時間の余裕」です。タイムマネジメントによってできた時間を、余白にして残しておけば、何かあったときにそれを振り分けられますし、何もなければ自分のために使えばいいのです。

悩み 2

TODOリストがこなせない

S・Sさん
40歳　子ども2歳　フルタイム

仕事でも家事でも、TODOリストをつくったうえで進めるようにしているのですが、すべて終わらせることがなかなかできません。

優先度の高いものはもちろんこなすのですが、自分に関することなど優先順位が低いものは、どうしてもおろそかになってしまい、ドタキャンすることもままあります。

きっとタスクを詰め込みすぎているのだとは思うのですが、どうにかうまくやりくりできないものかと悩んでいます。

ハピネス・アドバイス

リストにメリハリをつける

私も一日のTODOリストをつくって、それに従って行動していくのですが、このリストをつくる際に意識しているのは、メリハリをつけることです。

私の場合、アイデアを出したり、文章を考えたりというような頭を使う作業は朝から午前中の間に取り組み、集中力が下がりがちな午後や夕方に、経費精算などの単純作業をすることにしています。そうすることで作業が効率化し、時間が生まれるはずです。

もう一つのポイントは、自分の作業の見積もり時間をきちんと把握しているかどうかです。それが正確なら、あとはパズルのように一日を埋めていき、そのとおりに実行すればいいだけなので、ドタキャンも減ると思います。

自分の作業時間が読めない場合は、まず作業時間を計って、実力を客観的に知ることから始めましょう。

悩み 3

管理職を引き受けられるか不安

K・Gさん
36歳　子ども3歳　フルタイム

会社から管理職登用試験を受けるように勧められました。新しい仕事にもっとチャレンジしたいという気持ちはあるのですが、マネジメントの責任やプレッシャーをとても感じます。

また、子どももまだ小さく、育児や家のことをこなすのに手一杯なところもあって、仕事をしていけるのか不安を感じています。

ハピネス・アドバイス

具体的にイメージしてみる

上司の方が管理職への登用試験を受けるように勧めてくれている状態。さらには未就学児のお子さんを抱えていて育児と仕事どちらも手が抜けないという責任を感じているように推察しました。管理職登用試験をパスし、もし管理職になったと仮定した場合、小さいお子さんを抱えながらのマネジメント業務、自分にやりきれるのだろうかときっと不安だと思います。

ここはいったん冷静に考えてみてください。子どもの有無にかかわらず管理職をやってみたいのか、ご自身に純粋に問いかけてみてください。

その問いに「挑戦してみたい」と思えば、せっかくのチャンスですから登用試験を受けてみてください。上司の方も日ごろの働きぶりを評価しての打診だと思います。ぜひご自身の力を信じてください。

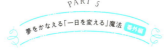

「平成25年版男女共同参画白書」（内閣府）によると、働いていた女性が第一子出産を機に離職する割合は約6割に達しています。リクルートワークスの調べではそのうち4割が離職したことを後悔しています。お子さんがもっと小さいころ、そのような葛藤もあったと思いますが、仕事を辞めずに続けてこられた「原動力」はどのようなものだったのでしょうか。子育てをしているからこそ見える「価値観」が育まれ、それが仕事へ還元できるのだと思います。

ちなみに私も、子どもが2歳のときに17年勤めたディズニーを辞めてまったく違う大学教員という道に転職しました。仕事内容や働き方、組織文化も異なるうえに、新たな人間関係を築きながら、育児と仕事をどちらもきちんとやれるのだろうかと不安でした。

でもいざ決断し、物事を進めていたら何とかなっていました。育児と管理職の両立を果たすには、家族や職場の方など周囲の協力が必要不可欠です。日ごろコミュニケーションを密に取り合い、信頼関係を構築したり、仕事や家事・育児の「段取り力」を高めることも必要になるでしょう。新たなステージで自分と向き合う、自分の力を試すチャンスととらえてみてはいかがでしょうか。

悩み 4

家や子どものことに時間を割けない

T・Sさん
31歳　子ども6歳、4歳　フルタイム

仕事をフルでしていると、なかなか家事に時間が割けません。料理も手抜きになりがちです。

とくに洗濯のことが気になっています。洗濯機が回り終わるまでによく寝落ちしてしまい、夜干せないようなこともたびたび起こります。ドラム式にして乾燥までしてくれるものを購入しようとも考えましたが、それだとシワが気になってしまいます。洗濯物をたたんでからしまうまでの場所が遠いのも億劫に感じますが、なかなか整理できません。

なにより、子どもと向き合う時間をもっとつくりたいのですが、なかなかそれも確保できず、悩んでいます。

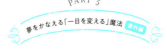

ハピネス・アドバイス

子どものお手伝いの時間、触れ合いの時間に

フルタイムで働いているかどうかで、家庭におけるあり方が大きく変わってくることはいうまでもありません。

一日、仕事をしたうえで家事もこなしていれば、ときに手抜きになるのも、無理もないことです。

ですから、それで自分を責めないでいただきたいと思います。「完璧にこなそう」というより、「8割できれば御の字」の気持ちでよいのではないでしょうか。

食事に関しては、何が何でも全部手作りにこだわりすぎず、下ごしらえした野菜や肉、魚と調味料などがセットになっている時短食材キットなどを利用してみてはどうでしょう。健康食材だけを使ったセットもあって、おすすめです。たまにはそうして、手抜きをしてもいいのです。

ちなみに私は、1か月間の献立をあらかじめ作ってしまいます。

そう書くとなんだか大変そうに思えるかもしれませんが、一度計画を立ててしまえばその後、献立や食材購入で悩む必要がなくなり、効率的です。

洗濯について、洗濯機には一長一短があります。たしかにドラム式はしわになりやすいですが、一方でものによっては洗濯ネットを使わなくて済むなどメリットもあります。もしドラム式に替えるなら、しわになりやすいものは乾燥機能を使わないなどの配慮が必要かもしれません。

洗濯物は、置き場所とたたみ方をあらかじめ決めておくといいと思います。乾燥機から取り出し、たたんで、しまうまでの動線も最初に確保しておくと、一連の流れが時間のロスなく行えます。

お子さんが8歳と4歳とのことですが、洗濯物をたたむのを手伝ってもらうのもいいと思います。「ママとどっちが早いか競争しよう」と言って楽しみつつ、お手伝いの時間と触れ合いの時間を両立させましょう。

悩み
5

気の乗らない仕事がどんどん後回しに……

Y・Aさん
32歳　フルタイム

私は、企画の仕事をしています。

相性の合う企画やおもしろいプロジェクトなどは、ハイペースでどんどん進められるのですが、その半面、気の乗らない仕事はどうしても後回しにしてしまいます。

あらかじめスケジュールを組んでいるのですが、そのとおりに進めることができず、結局締め切り直前まで引っ張ってしまう……。

仕事なのでこれではいけないと思うのですが、時間配分をうまく工夫することで、なんとか解決できないでしょうか。

ハピネス・アドバイス

爽快な気分のときにあえてトライ

気の乗らない仕事を後回しにするというのは、誰しもあることだと思います。心が嫌がっていると、脳を論理的に説得するのが難しいためスケジュールどおりに進めたほうがいいのはわかっていても、なかなか着手できないものです。

それは、私たちの持っている性質の一つですから、多少は大目に見て、自分を許してあげてください。締め切り直前でまとめて片づける、というやり方は、集中力を上げる効果もあり、効率的に作業ができます。きちんと締め切りどおりに終わらせているなら、そこまで深刻に考えずともいいかもしれません。

あえてアドバイスするなら、乗っている仕事を片づけて気分が爽快なときに、その勢いで気乗りしない仕事に着手する、というやり方はどうでしょう。

仕事は、始めるときにもっともエネルギーを使いますが、一度着手してしまえば、意外に進むものです。

悩み
6

予定内に仕事が終わらない

R・Kさん
35歳 フルタイム

手帳に細かく予定を入れていますが、予定時間内に仕事が終わったためしがありません。余裕を持ってスケジュールを組んでいるつもりなのですが、時間内にほかの仕事が入ってくることもよくあります。

遅れると他の予定もどんどんずれ込んで、負のスパイラルにはまってしまいます……。

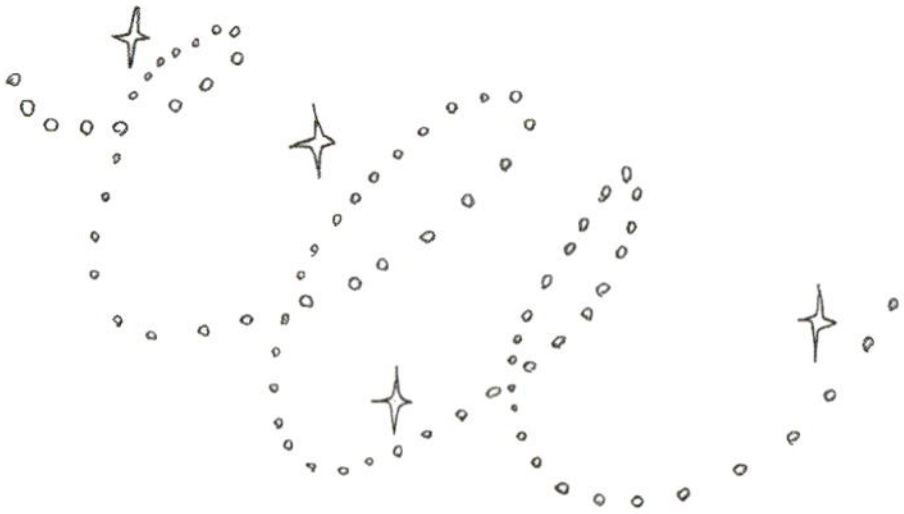

ハピネス・アドバイス

自分の作業時間を計りなおしてみよう

仕事が予定どおり終わらないと、ハラハラしてしまいますね。

その原因として考えられるのは、自分の作業時間の予想と現実にずれがあることです。

まずは、自分の作業時間を測定しなおしてみてはどうでしょう。

そのうえで、作業時間にさらに余裕を加えておけば、急きょ他の仕事を振られても、ある程度対応できるはずです。

少し慣れてきたら、時間を短くするよりも作業の精度を上げることを意識すると、より質の高い仕事ができるようになります。

悩み
7

気持ちに余裕ができる時間の使い方を知りたい

M・Mさん　48歳　子ども13歳、10歳　在宅勤務

子育てが忙しいので、仕事はほとんど家でできるように工夫しています。それでも、子どもたちが帰ってきてからの16～23時までは戦争状態で、塾や習いごとの送迎が毎日あります。

その中で、90分ほどの自由時間があるのですが、なかなか心が休まりません。ボーッとしていて、気づけばお迎えの時間になり、22時から夕飯を食べさせ、お風呂に入れて、一日が終了します。90分でも気持ちに余裕を持てるような時間の使い方を教えてください。

ハピネス・アドバイス

思いきって睡眠をとり、朝早起きする

「束の間の90分」とのことですが、自分が心から楽しめるものをなさるとよいと思います。

好きな音楽を聴く、読みたい本を読む、香りのよいハーブティーを飲む、好きな香りをかぐ……。とにかく、上機嫌になれる何かを見つけてみてください。

自分の世界に没頭できるようなものだと、さらにいいですね。

あるいは、その時間を思いきって睡眠に当てて心身を休め、そのぶん朝起きるのを早めて、そこでゆったりした朝のひとときを過ごすというのはいかがでしょうか。

悩み

8

遅刻魔な自分に嫌気が……

F・Hさん
35歳　フルタイム

昔から遅刻癖があり、友人との約束などには必ず5～10分遅れてしまいます。仕事の打ち合わせであっても、直前まで資料整理などをしていて、やはり遅れることがよくあります。電車に乗るときも、常にぎりぎりのタイミングで動いてしまい、遅延などがあったらアウトです。

遅刻が相手の時間を奪う行為だというのはわかっているのですが、ぎりぎりまで何かしていないと気が済みません。こんな自分に嫌気がさしています。時間管理の方法を教えてください。

ハピネス・アドバイス

30分早く着いて、そこから仕事をする

遅刻というのは、相手の信頼を損なう恐れがあり、対人関係に影響を及ぼすため、できれば避けたいところです。

遅刻の解決策は、「早めに動く」しかありません。

まずは、相手と約束した時間の15分前を自分の中での待ち合わせ時間と定めて、それに合わせて行動してみてはどうでしょう。

直前まで何かをしていないと気が済まない、とのことですが、待ち合わせ場所に着いた後であっても、そうした「何か」はできるのではないでしょうか。たとえば14時集合なら、13時30分には到着してカフェなどに入り、30分間で仕事を片づけたりできれば、時間は無駄になりません。

悩み 9

忙しすぎて、なりゆきまかせになってしまう

H・Kさん　45歳　子ども6歳　在宅勤務

時間の使い方が、どうしてもなりゆきまかせになってしまいがちです。夕方以降の時間帯は、習いごとなど子どもの予定に合わせることが多く、家事が済ませられずにたまっていくのがストレスです。

一番苦手なのが、子どもの学校からの配布物の整理です。ときにおろそかになり、うっかり予定を忘れてしまうことが多々あります。子どもの予定をうまく管理する方法を教えてください。

ハピネス・アドバイス

SNSを利用して配布物を管理する

家事は完璧にこなそうとするのではなく、「8割できたらラッキー」と考えてください。完璧を求める人は、できないと自分を責めるという悪循環に陥ってしまうことがよくあります。

人間、忘れることもあって当たり前です。過去を後悔するのではなく、再発防止の工夫を施してみましょう。

お子さんの配布物は、もらったらすぐに手帳に書いたり、Googleカレンダーに入力したりするなどの癖をつけましょう。一度記入したら、すぐに忘れて他のことに没頭しても大丈夫です。なお、もらった資料は、ファイルに格納してからしまうと、紛失する可能性が低くなります。

フェイスブックやLINEでグループをつくり、そこに資料の写真を撮って投稿し、記録するというやり方もいいかもしれません。

悩み
10

要領の悪い自分を何とかしたい

I・Fさん
35歳　子ども5歳　フルタイム

ていねいに仕事をすることを心がけているのですが、その分時間がかかってしまい、持ち帰りや残業がよくあります。

家事でも同様の傾向があり、忙しいのはわかっているのに、のろのろしてしまいます。とくに料理は、ささっとこなすことができません。夫からもマイペースすぎると揶揄されています。

スピードアップするためのコツはあるでしょうか。

ハピネス・アドバイス

考えないで手が動くようにしておく

仕事がていねいというのは、まったく悪いことではありません。その質を担保しつつもスピードを上げることができるなら、それが理想ですね。

「のろのろしてしまう」原因のほとんどは、準備不足にあると私は考えています。仕事でも、とりかかる前に必要なものをきっちりそろえておけば、あとはわき目もふらずに邁進できるでしょう。

料理については、「考えないでできるようにする」のがいいと思います。

そのためには、やはり準備が大切です。

たとえば、カレーを作るとしたら、あらかじめニンジン、ジャガイモ、タマネギをカットして、ひとまとめにして袋に入れて保存しておきます。そうして「カレーセット」を作っておけば、切る順番やタイミングを考えずとも料理ができます。

その他にも、ホウレンソウは茹でてカットして冷凍しておく、キャベツも野菜炒め用と千切りと分けて切って保存するなど、すぐに使える状態にしておくことで、いざ料理をする際の工程が簡略化できて楽になります。

悩み 11

子どものお昼寝に振り回される毎日を変えたい

K・Oさん 41歳 子ども1歳 パートタイム

子どものお昼寝の時間に、しょっちゅう振り回されています。

郊外に住んでいるので、何をするにも車の移動がメインになるのですが、息子が車で移動するたびに寝てしまいます。そうして、夜寝られなくなるという悪循環が続きます。

車で移動して目的地に着いたのに、「寝たばかりだから」という理由で起きるのを待っているときもあります。下手に起こすと機嫌が悪くなるので、そんなときは車の中で用事を済ませます。たとえば、ドライブスルーでお昼を買って、一人で車の中で食べる、などです。お昼寝はあとしばらくだとは思いますが、振り回されない時間の使い方があったら教えてください。

ハピネス・アドバイス

子どものタイムスケジュールに自分を合わせてみよう

お子さんが1歳で、昼寝がとても大切な時期であり、なかなか大変かと思います。

車で移動する際、寝てしまうということですが、寝かさない工夫をする必要があるかもしれません。たとえば、子どもがつい起きてしまう音楽を流したり、興味のあるおもちゃを渡したり、などです。

私の場合、この時期の子どもはコントロールせず、自分が合わせていました。具体的には、一緒に昼寝をして体力を温存したり、早い時間に寝て朝方に時間をつくるなどしていました。

今はしんどいでしょうが、昼寝をする時期はほんの一時期です。

車の中ですっと寝ていたわが子の表情が懐かしくなるときが、きっとすぐに来ると思います。

悩み 12

突発的なことが発生すると ストレスが大きい

K・Wさん　37歳　子ども8歳、4歳、1歳　フルタイム

時間管理は苦手ではないのですが、その分、突発的なことが起きて予定が狂うと、ストレスを感じます。

とくに子どもの行動に振り回されることが多く、早く支度をしなかったり、急いでいるときにぐずったりなどがあると、苦労します。

仕事で締め切りが迫っている際には、やはりイライラしてしまいます。

ハピネス・アドバイス

コントロールできないものは仕方がない、と割りきる

時間術の最大のライバルが、突発的なできごとです。

いくら完璧なスケジュールをつくっても、予想外のことが一つ起こるだけで、時にばらばらになってしまいかねません。

そうしたことを防ぐには、予備日などをあらかじめ設け、余裕を持たせておくしかありません。また、「突発的なできごとは起きるもの」として、コントロールできないこともあって当たり前と思っておくと、精神的に楽です。

子どもの行動に関してはとくに、コントロールできないと割りきって考えておく必要があります。

子どもは、親を映す鏡。自分の心の状態が、子どもにも伝播《でんぱ》します。

忙しい最中では難しいかもしれませんが、それでもできる限りにこにこして接することで、子どもの精神は安定し、ぐずったりする回数も減るでしょう。

悩み 13

仕事と介護の負担が大きくてやりくりが難しい

S・Mさん　52歳、子ども大学生、社会人　フルタイム

保育士で園の運営に関わりながら、母の介護をしています。子どもたちは大きくなり、それほど手がかからなくなりましたが、一方で介護に関する負担が増えてきました。平日はデイサービスを利用するなどしてなんとか切り抜けていますが、それでも帰宅後には持ち帰ってきた仕事と介護をこなさねばならず、自分の身の回りのことに当てる時間が確保できません。

人づきあいもおろそかになり、お礼の連絡やあいさつが滞ってしまいがちなのも、心が痛いです。

ハピネス・アドバイス

素直に助けを求める勇気を持とう

介護には、当事者にしかわからない大変さがあると思います。

それでもあえて申し上げるなら、ここはお子さんに頼ってみてはいかがでしょう。

すべてを頼ってしまおうというのではなく、二人それぞれに、週に1回手伝ってもらうだけで、自分の時間を確保することができます。

人づきあいに関してお気に病まれていますが、私なら先方に事情を正直に話したうえで、連絡が遅くなることがあると伝えておきます。そうすれば、そこまで不義理と思われることはないはずです。

総じていえるのは、自分が手一杯のときには、家族や友人にSOSを発信することが大切ということです。

大人になるほど、素直に「助けてください」と言えなくなるものですが、そこで無理を重ねていくと、自分がつぶれかねません。そしてそうなったら、もっとも悲しみ、迷惑をかけるのは、身近な人々です。

それを防ぐためにも、ときには勇気を持って、人に頼るというアクションを起こしてほしいと思います。

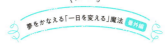

悩み 14

手帳とGoogleカレンダー、どう使い分けるのがいい？

Y・Oさん　30歳　フルタイム

タイムマネジメントには、主に手帳を活用しているのですが、その一方でGoogleカレンダーにも同じ内容を入力するというように、意味がないようなことをしています。

よい使い分けの方法を教えてください。

ハピネス・アドバイス

共有すべき予定はＧｏｏｇｌｅで。自分だけの予定は手帳で管理

Ｇｏｏｇｌｅカレンダーの最大のメリットの一つは、他者と共有できることにあります。

もしパートナーがいらっしゃるなら、自分とパートナーで共有すべき予定はＧｏｏｇｌｅで管理し、自分だけの細かい予定やＴＯＤＯは手書きの手帳を使うといいかと思います。

あるいは、予定をＧｏｏｇｌｅに集約してしまってもいいかもしれません。手帳ほど気軽に見られないのが玉に瑕《きず》ですが、クラウド上で管理するため紛失することはありません。

悩み
15

親の役目を果たせているか心配

N・Sさん
38歳　子ども8歳、6歳　フルタイム

夫も私も実家が遠く、基本的には両親の力を借りることができません。フルタイムで働き、土日に仕事が入ることもあって、どうしても家事がおろそかになってしまいます。とくに気になっているのは食事です。〝食育〟をていねいにやってあげたいのですが、気づけば手抜き気味になっています。

ヘルパーさんを頼もうかとも考えたのですが、それだと親の役目を十分に果たせていないような気がして、なかなか踏ん切りがつきません。

せめて2～3時間でも、子どもを預けられる場所があるといいのですが……。

ハピネス・アドバイス

親の在り方は、家庭ごとに違って当たり前

二人のお子さんを抱えて、土日も働くことがあるとなると、食事が手抜きになるのも致し方ないところです。

やはりここは、ヘルパーさんを頼むのも一つの手かと思います。2～3時間であれば、チャイルドマインダーなどスポット的に助けてくれる保育のエキスパートもいますから、そのような人を探すのもいいでしょう。

「親の役目を果たせていないのでは」とご心配ですが、そんなことはまったくないと個人的には感じます。

親の在り方というのは本来、家庭それぞれで違ってくるものであり、そこに正解はありません。ですから、あまり「親はこうあるべき」という定型に振り回されず、自分ができる範囲のことを、愛情を持って行えばいいのではないでしょうか。

忙しい毎日に「余白」ができる 10の魔法

1 タイムスケジュールに余白を残す。

2 ときには手放す勇気を持つ。

3 早めに動いても、時間は無駄にならない。

4 アクションを起こす前に、必要なものを一式そろえる。

5 気持ちが上がっているときに、気が乗らないことにトライする。

6 自分の作業時間を測定して、さらに余白を加える。

7 カレンダーに予定を記入したら、忘れて OK。

8 相手をコントロールせず、
自分が合わせることも大切。

9 ときには、「お願いします」と頼る。

10 突発的なできごとが起きるのは当たり前と思うと、準備ができる。

Epilogue

本文中でもお話ししましたが、ディズニーはまさに、
徹底的に時間を効率化して運営されている組織です。
その中でキャリアを積んだ私にも
その時間に対する感覚が浸透し、
どうすればより時間を短縮できるか、
生産性を上げられるか、
ということばかり考えてきました。

大学で教鞭をとるという新たな道に進んだ後も、
ディズニーのホスピタリティについてや、
人財育成のノウハウを、講演する機会をいただくことが多くあるのですが
その参加者の中で、

「忙しくて、なかなか自分の時間がとれない」と
悩んでいる方がよくいることに気づきました。
そしてその多くは、
仕事と家事や育児を両立している、
女性キャリアであることに、衝撃を受けました。
彼女たちは言います。
「忙しくて、家庭で過ごす時間が少ない……。もう仕事はあきらめたい」
「子どもがほしいけれど、仕事が忙しすぎて、子育てなどはできない」
これはすなわち、
人生の一部をある程度
「あきらめなければいけない」という意識を
持ってしまっているということに
他なりません。

彼女たちは、いわば過去の自分です。
私自身、社会で働きながら、
結婚、出産というライフイベントを経験し、
女性特有のキャリアの悩みを抱えながら、ここまで進んできました。
そんな女性を、なんとか応援できないか。
そう考えたときに、これまで培ってきた私なりの
「魔法の時間術」が役立つかもしれないと、
思い至りました。
これが本書を執筆するにいたったきっかけですが、
人生との向き合い方や時間術そのものは、
女性キャリアだけではなく、
時間がないと悩むあらゆる人に読んでみていただきたい内容となっています。

最後に、お話ししておきたいことがあります。
もし何か、自分の新たな可能性を試す機会に恵まれたとしたら……。
そこで、忙しいからとあきらめずに、
ぜひ一度チャレンジしてみてください。
ときにチャレンジが、うまくいかないこともあるでしょう。
壁に当たり、思い悩む時期がくるかもしれません。
それでもやはり、チャレンジしてほしい。

チャレンジした結果が、思っていたようにならないというのは、
失敗ではなく一つの経験です。
本当の失敗は、やりたいことがあるのに
チャレンジしないことである。

私はそう思います。
人生の時間は、限られています。
後悔なく歩んでいくためにも、
チャレンジ精神を忘れずにいていただきたいと願っています。

2018年3月

櫻井　恵里子

参考・引用文献

＜書籍他＞

◎『ウォルト・ディズニーの言葉―今、我々は夢がかなえられる世界に生きている』
ウォルト・ディズニー 著　ぴあ　２０１２年

◎『ウォルト・ディズニーがくれた夢と勇気の言葉１６０』
ウォルト・ディズニー 著　ぴあ　２０１３年

◎『ウォルト・ディズニー 夢をかなえる１００の言葉』
ウォルト・ディズニー 著　ぴあ　２０１３年

◎『ディズニーウェイ大突破力―その固定概念から脱け出せ！』
マイク ヴァンス、ダイアン ディーコン 著　ココロ　２０００年

◎『ウォルト・ディズニー すべては夢みることから始まる』
ＰＨＰ研究所 編　ＰＨＰ文庫　２０１３年

◎『ウォルト・ディズニー 創造と冒険の生涯 完全復刻版』
ボブ・トマス 著、玉置悦子、能登路 雅子 訳　講談社　２０１０年

◎『心理学 第5版』
鹿取廣人、杉本敏夫、鳥居 修晃 編　東京大学出版会　２０１５年

◎『伝説の外資トップが説くリーダーの教科書』
新 将命 著　ダイヤモンド社　２０１３年

◎『キャリア・アンカー―自分のほんとうの価値を発見しよう』
エドガー・Ｈ・シャイン 著、金井壽宏 訳　白桃書房　２００３年

◎『働くひとのためのキャリア・デザイン』
金井壽宏 著　ＰＨＰ新書　２００２年

◎『心理学ワールド』２０１６年10月号
「比較神経科学からみた進化にまつわる誤解と解説」篠塚一貴、清水透
◎日本経済新聞　２０１８年1月22日付
正社員・正職員（役員含む）として働く20～50代の女性を対象に２０１７年12月、インターネット上で実施。各年代５００人ずつ、計２０００人から回答を得た。

＜Ｗｅｂサイト＞
◎株式会社オリエンタルランド
http://www.olc.co.jp/ja/index.html
◎総務省統計局
http://www.stat.go.jp　「平成28年社会生活基本調査」
◎内田クレペリン検査
http://www.nsgk.co.jp/sv/kensa/kraepelin/whatis
◎BUSINESS INSIDER
http://www.businessinsider.com
「A 75-Year Harvard Study Finds What It Takes To Live A Happy Life」
◎自然科学研究機構　生理学研究所
http://www.nips.ac.jp
「幸せと脳との関連が明らかに─日本国民の幸福度の向上に期待」
◎リクルートワークス研究所
http://www.works-i.com/pdf/151009_stress.pdf
◎リクルートホールディングス
http://www.recruit.jp/company/csr/contribution/iction/about_iction.pdf

櫻《さくら》井《い》恵《え》里《り》子《こ》

10万人以上のキャストを育てた、元ディズニーのカリスマ人材トレーナー。ハピネスコンサルタント。Happiness Career Lab. 代表。東京都立川市出身。筑波大学大学院人間総合科学研究科生涯発達専攻博士前期課程修了。修士（カウンセリング）。1998年（株）オリエンタルランド入社。商品開発部で現在もヒット中の「ファンカチューシャ」を開発し、年120％以上の売上増を記録。2003年から人財開発部門にて人材トレーナーを担当。その後、人事戦略、調査などを担当。2009年から外部法人向けに「ディズニーのおもてなしの考え方」を伝えるセミナー事業部門にて、講師、研修開発を担当し大人気を博す。2011年からCS推進部で顧客満足の本質とホスピタリティのあり方を学ぶ。これらの経験から、究極的には「『夢』と『教育』さえあれば人は前向きになり、人生を切り開けるのではないか」という思いを強くし、大学教員へと転身する。

現在、西武文理大学サービス経営学部専任講師。桜美林大学ビジネスマネジメント学群非常勤講師。「心理学概論」「レジャー産業論」「組織行動論」「テーマパーク論」などを担当。

所属学会：産業・組織心理学会、日本カウンセリング学会、日本学校心理学会、ホスピタリティ学会、日本マーケティング学会正会員。

著書に『「一緒に働きたい」と思われる心くばりの魔法 ディズニーの元人材トレーナー50の教え』『3日で変わるディズニー流の育て方』（サンクチュアリ出版）がある。

公式サイト：http://www.eriko-sakurai.com
Facebook：https://www.facebook.com/erikosakurai2016

ディズニーの元人材《もとじんざい》トレーナーが教《おし》える
夢《ゆめ》をかなえる時間《じかん》の使《つか》い方《かた》

2018年4月1日　第1刷発行

著　者　櫻井恵里子《さくらいえりこ》

発行者　佐藤 靖

発行所　大和《だいわ》書房
東京都文京区関口1-33-4　〒112-0014
電話　03(3203)4511

本文印刷　厚徳社
カバー印刷　歩プロセス
製　本　ナショナル製本

ISBN 978-4-479-78419-7

http://www.daiwashobo.co.jp

● 装　丁
井上新八

● 本文デザイン
庄子佳奈

● イラスト
いわがみ綾子

● 写　真
井出友樹

● 校　正
酒井正樹

● D T P
エディテクス